帛書道德經

〔春秋〕老子・著　王繼浩・注譯

古籍書局
THE ANCIENT WORKS BOOK LIMITED

帛書道德經

作　　者：（春秋）老子 著；王繼浩 注譯

責任編輯：謙　和

裝幀設計：抱一工作室

出　　版：古籍書局有限公司

香港尖沙咀金巴利道 53 號

E-MAIL：qiandedushu@qq.com

發　　行：香港聯合書刊物流有限公司

香港新界荃灣德士古道 220-248 號荃灣工業中心 16 樓

印　　刷：深圳市精一瑞蘭印刷有限公司

廣東省深圳市龍崗區南嶺龍山工業區 25 號 1-3

版　　次：2025 年 5 月第 1 版第 1 次印刷

定　　價：HK$ 58.00　NT$ 240.00

ISBN 978-988-71084-0-5

Published in Hong Kong,China

凡例

一、本書原文，以1973年出土的湖南長沙馬王堆漢墓帛書《老子》甲、乙本為底本（以下分別簡稱帛書甲本、帛書乙本）；以魏晉王弼《老子道德經注》本（以下簡稱王弼注本）、河上公《老子道德經章句》（以下簡稱河上公本）為對照本。其中王弼注本以明世德堂刊本為底本，河上公本以清乾隆武英殿聚珍版為底本。此外，還參考了郭店楚簡本、北大漢簡本、高明《帛書老子校注》、徐志鈞《老子帛書校注》、張松輝譯注《帛書老子》等古今其他多種版本，恕不一一列出，在此一並表示感謝。

二、本書將帛書甲本、帛書乙本與王弼注本、河上公本四種版本的原文依次並排列出，以便於對比參照，然後統一加以注釋、譯文。帛書甲本、帛書乙本原文中殘闕文字，均用「□」代替，一字一「□」。

三、本書注釋，主要解決部分生僻字詞、異體字、通假字、稀見典故、重要概念等疑難問題（其中除一些字詞外，全書均用規範繁體字）。基本不作大段的考據訓詁，以避免喧賓奪主之嫌。力求簡潔明瞭、直白揭示，而又不失嚴謹翔實。對於有多重含義和解釋的字詞，取其最合理的解釋，重點論證之，他種含義亦不輕易捨棄之，立此存照，以備參考。

四、本書譯文，以信、達、雅為原則，採取直譯和意譯相結合的方式，博採眾家之所長，結合個人之淺見，並貼近時代價值需求，力求邏輯通暢、自圓其說，從而全面準確、立體豐富而又深入淺出地反映和揭示出《道德經》原書的微言大義。

五、因本書旨在於向讀者全面展示帛書本《道德經》的真實面貌，故本書譯文以帛書甲本、帛書乙本為依據，並盡量綜合通行本之義，以求融會貫通。若帛書本和通行本含義分歧較大，則兩存之，用括號標出通行本之義，以作參考。

六、《道德經》通篇微言大義，部分字詞往往具有多重含義，且均能解釋得通、自圓其說。本書不拘泥於一定要擇取某一種意思，故在註釋和譯文中盡可能地體現出其多重含義，使文義更加豐富飽滿、圓融無礙。如「上士聞道，堇能行之」中的「堇」字，據《說文解字》：「時也。」又通僅、勤、謹。故有時時刻刻、勤奮、恭謹、盡力等多層含義，而不宜拘泥於「勤」這一層意思。

七、關於分章問題，帛書《道德經》原文沒有劃分章節，僅分為「德經」「道經」兩部分，且「德經」在前、「道經」在後，與通行本「道經」在前、「德經」在後不同，具體的章節順序也有差異。本書按照帛書《道德經》的行文次序排列，並參照通行本文義劃分段落，也分為八十一個部分，僅用汉字數字標明順序，並用括號標明與之相對應的通行本章數。如「一（通行本第三十八章）」「七十二（通行本第二十八章）」。

八、帛書本《道德經》的價值自然是不言而喻的，方家已極論之，茲不贅述。然而，在學習研讀時應該本著客觀辯證的態度，來看待帛書

《道德經》與通行本《道德經》的差異。應該說它們在哲學思想上並無本質區別，帛書本並不是「完美無瑕」，通行本也不是「一無是處」。既不可過度神化帛書本，也不可全盤否定通行本。正確的態度是兼收並蓄，兼容並包，取長補短，查缺補漏，從而更加全面地領略老子博大精深的哲學思想。

九、古人云：「文以載道。」市面上有的版本專重字詞訓詁考據，而不明大道，則難免「顧此失彼」「買櫝還珠」之嫌；有的版本連篇累牘鋪陳和論述道理，而因不明字義，則難免望文生義、牽強附會之憾。本書則是在對字詞進行嚴謹翔實考據的基礎上，融會貫通儒道釋三教、諸子百家智慧，並採用通俗易懂的語言，來挖掘闡釋經典的微言大義，讓讀者領略道家的大智慧。因此，本書既有嚴謹的學術考證，又有對修身處世智慧、齊家治國大道的精準闡釋。當然，本書所作的註釋、譯白及相關解讀，僅僅是為了便於讀者更好地理解原文，要想真正讀懂悟透《道德經》，必須要親自研讀原典為妙。

十、現代著名佛學家王恩洋先生所著的《老子學案》，對老子學說進行了研究和評價。此篇立論中肯，融會貫通，條分縷析，深入淺出，甚有可取之處，可以幫助讀者更好地了解老子其人其書。茲附錄於本書之後，以饗讀者。

十一、因註譯者能力水平和時間精力有限，本書不足之處在所難免，還望讀者批評指正、不吝賜教。

譯注者　謹識

2024年8月

目錄

德經

道 經

德經

一（通行本第三十八章）

帛書甲本：

□□□□□□□□□□□□□□□□□德上德無□□無以爲也。上仁爲之□□以爲也。上義爲之而有以爲也。上禮□□□□□□□□□攘臂[1]而乃[2]之。故失道[3]而後德[4]，失德而後仁[5]，失仁而後義[6]□□□□□□□□□□□□□而亂之首也。□□□道之華[7]也，而愚之首也。是以大丈夫居其厚而不居其泊[8]，居其實而不居其華。故去皮[9]取此。

帛書乙本：

上德不德，是以有德；下德不失德，是以無德[10]。上德無爲而無以爲也。上仁爲之而無以爲也。上德[11]爲之而有以爲也。上禮爲之而莫之應也[12]，則攘臂而乃之。故失道而后德，失德而句仁，失仁而句義，失義而句禮[13]。夫禮者，忠信之泊也，而亂之首也[14]。前識者，道之華也，而愚之首也[15]。是以大丈夫居□□□□居其泊；居其實而不居其華。故去罷[16]而取此。

王弼注本（三十八章）：

上德不德，是以有德；下德不失德，是以無德。上德無爲而無以爲；下德爲之而有以爲。上仁爲之而無以爲。上義爲之而有以爲。上禮爲之而莫之應，則攘臂而扔之。故失道而後德，失德而後仁，失仁而後義，失義而後禮。夫禮者，忠信之薄，而亂之首。前識者，道之華，而愚之始。是以大丈夫處其厚，不居其薄；處其實，不居其華。故去彼取此。

河上公本（論德第三十八）：

上德不德，是以有德。下德不失德，是以無德。上德無爲而無以爲；下德爲之而有以爲。上仁爲之而無以爲。上義爲之而有以爲。上禮爲之而莫之應，則攘臂而扔之。故失道而後德，失德而後仁，失仁而後義，失義而後禮。夫禮者，忠信之薄，而亂之首。前識者，道之華，而愚之始。是以大丈夫處其厚，不居其薄；處其實，不居其華。故去彼取此。

【註釋】①攘臂：捋起袖子，露出手臂。②乃：通「扔」。拉扯、牽引。③道：老子所領悟的宇宙之道，是世界的本原、宇宙的法則，是天地之間所有規律、真理的統稱，是人類的終極追求，是老子哲學思想中最基本的概念。《文子·道原》：「夫道者，陶冶萬物，終始無形，寂然不動，大通混冥，深閎廣大，不可為外；析毫剖芒，不可為內。無環堵之宇。而生有無之總名也。」《管子·心術》：「道也者，動不見其形，施不見其德。萬物皆以得，然莫知其極。故曰可以安而不可說也。」《淮南子·原道訓》：「夫道者，覆天載地，廓四方，柝八極，高不可際，深不可測，包裹天地，稟授無形。」《易·繫辭上》：「一陰一陽之謂道，繼之者善也，成之者性也。」又曰：「形而上者謂之道，形而下者謂之器。」④德：德者，得也。天地化育萬物的功能，是道的根本屬性，亦泛指萬物的自然之性，如人效法道的行為、萬物順其自然的屬性，都稱為德。在老子《道德經》中，「德」是一個核心概念，與「道」緊密相連，但其含義遠比日常語境中的「品德」或「美德」更為深刻和廣泛。在《道德經》的語境下，「德」往往被視為「道」的具體表現或實現。正如「道」是宇宙的根本原則和動力，「德」則是這一原則在具體事物和個體行為中的體現。可以說，「德」是「道」的功能或效果，是「道」在現實世界中的運作方式。《易·繫辭上》：「天地之大德曰生。」⑤仁：本義指博愛，與人相互親愛。仁者，人也，其字從「人」從「二」，謂為人而非為己也。⑥義：本義指正義，即合宜的品德、行為或道理。義者，宜也，其字從「羊」從「我」；「羊」者，善也，謂當審於己，宜與不宜、善與不善。⑦華：同「花」。浮華、虛華。⑧泊：同「薄」。淡薄。⑨皮：通「彼」。⑩上德不德，是以有德；下德不失德，是以無德：陳柱曰：「天地生物，德之至大也，而天不自以為德，物亦不知其德，此上德不德，所以為德也。帝皇君臨天下，務欲施德於民，使之歌功頌德，而愛戴己焉，是利用之術、交易之道，非真德也，此下德不失德，所以為無德也。」⑪德：應為「義」之誤。⑫上禮為之而莫之應也：禮，表卑己敬人之儀容也；應，酬答也。《墨子·非儒》：「繁登降之禮以示儀，務趨翔之節以觀眾。」有貴賤之等、敬慢之異，徒嚴外飾，而彼此真心不相應，更強行遜讓。⑬失道而后德，失德而句仁，失仁而句義，失義而句禮：句，假借為「后」。道本無名，至德則已有名矣。德者，萬物同焉皆得，而不知其所以得之謂也。及其得而有不能同焉者，則大小多寡苦樂之事以起，而後救災濟難之事以興，故曰「失德而後仁」。宜與不宜、善與不善，計較之心既生，則所為之仁，亦不過為己，故曰「失仁而後義」。禮者，仁義之表也。譬如父母，以物給子，則子不必揖讓以謝；若在君臣朋友，則揖讓之禮生矣。又父母以物給子，必不念報答；若在君臣朋友，則報答之禮生矣。故曰「失義而後禮」。⑭夫禮者，忠信之泊也，而亂之首也：泊，同「薄」，淡薄。張純一《老子通釋》：「夫禮，忠不足以盡己，信不足以任人。實質衰而真心隱，偽飾萌而釁端肇。」⑮前識者，道之華也，而愚之首也：前識，本義指先見之明。前識者，即自見者、自是者、自以為有高見者。陳柱曰：「聖人為禮之始，俯仰跪拜，人必苦之，而不易聽從，故必假神權以為之，曰事神則降福，降福則當報。……禮既起於神權，而求福免禍，乃恒人之常情，於是卜筮、圖讖、堪輿、相人之術以起，人皆迷信之，欲其前識，以免於禍。而古來之帝皇，所為以神道設教，藉神權以愚人之術也。」⑯罷：通「彼」。

【譯文】真正崇尚美德、德性境界上乘的君主，不會刻意標榜、顯示自己有德，所以才是真正有德。德性境界層次較低的君主，處處表現自己的美德，所以不是真正有德。真正崇尚美德、德性境界上乘的君主，順應自然作為，不會帶有功利目的刻意而為；（德性境界層次較低的君主，刻意而為，並且作為後反復強調、念念不忘。）崇尚仁愛的君主，會有意作為，施行仁德於人，但並不是為了個人的功利。崇尚正義的君主，會人為地制定各種原則，是為了滿足個人的立場和喜好。崇尚禮法的人，推廣施行禮法，如果沒有得到回應，就會捲起袖子，露出手臂，強行拉扯別人使其遵從。所以說，失去了大道，然後開始推崇美德；失去了美德，然後開始推崇仁愛；失去了仁愛，然後開始推崇正義；失去了正義，然後開始推崇禮法。推崇禮法，是忠厚誠信變得淡薄之後的表現，是禍亂的開始。那些自以為高明、推崇禮法的人，所追求的不過是大道的虛浮的表面而已，是愚昧的開始。所以大丈夫立身處世要篤守忠厚，而不應該講求淺薄的虛禮。應該遵循自然之道，追求內在的樸實，而不要追求表面的浮華。所以要捨棄虛禮和浮華，而保留忠厚和樸實。

二（通行本第三十九章）

帛書甲本：

昔之得一[①]者，天得一以清，地得□以寧，神得一以霝[②]，浴[③]得一以盈，侯□□□而以爲□□正[④]。其致[⑤]之也，胃[⑥]天毋已[⑦]清，將恐□胃地毋□□將恐□胃神毋已霝□恐歇；胃浴毋已盈，將恐渴[⑧]；胃侯王毋已貴□□□□□故必貴而以賤爲本，必高矣而以下爲基。夫是以侯王自胃□寡、不橐[⑨]。此其□□□□□□故致數與無與[⑩]。是故不欲□□若玉硌□□□

帛書乙本：

昔得一者，天得一以清，地得一以寧，神得一以霝，浴得一盈，侯王得一以爲天下正。其至也，胃天毋已清，將恐蓮[⑪]；地毋已寧，將恐發[⑫]；神毋□□□恐歇；谷毋已□將渴；侯王毋已貴以高，將恐欮[⑬]。故必貴以賤爲本，必高矣而以下爲基。夫是以侯王自胃孤、寡、不橐。此其賤之本與[⑭]？非也？故至數輿無輿[⑮]。是故不欲祿祿[⑯]若玉，硌硌[⑰]若石。

王弼注本（三十九章）：

昔之得一者，天得一以清，地得一以寧，神得一以靈，谷得一以盈，萬物得一以生，侯王得一以爲天下貞[18]。其致之，天無以清，將恐裂；地無以寧，將恐發；神無以靈，將恐歇；谷無以盈，將恐竭；萬物無以生，將恐滅；侯王無以貴高，將恐蹶。故貴以賤爲本，高以下爲基。是以侯王自謂孤、寡、不穀。此非以賤爲本邪？非乎？故致數輿無輿，不欲琭琭[19]如玉，珞珞[20]如石。

河上公本（法本第三十九）：

昔之得一者，天得一以清，地得一以寧，神得一以靈，谷得一以盈，萬物得一以生，侯王得一以爲天下正。其致之，天無以清，將恐裂；地無以寧，將恐發；神無以靈，將恐歇；谷無以盈，將恐竭；萬物無以生，將恐滅；侯王無以貴高，將恐蹶。故貴以賤爲本，高必以下爲基。是以侯王自謂孤、寡、不轂。此非以賤爲本邪？非乎？故致數車無車[21]，不欲琭琭如玉，落落如石。

【註釋】①得一：能夠與大道保持一致，使各元素混而為一，達到陰陽平衡統一、物我一體的狀態。一，道的體現，渾然為一而不可分割為二的狀態，一般指精神性的無形的存在，有完整、純粹、全部、根本、始基等含義。一說為太極、太一。《莊子·天地》：「泰初有無，無有無名。一之所起，有一而未形。」《淮南子·詮言訓》：「夫無為，則得於一也。」《莊子·齊物論》：「天地與我並生，而萬物與我為一。」②霝：同「靈」。③浴：假借為「谷」。河谷。④正：官長、君長。⑤致：極致。⑥胃：通「謂」。說。⑦毋已：無休止。毋，同「無」。⑧渴：通「竭」。枯竭，乾涸。⑨不槖（gǔ）：不善，古代王侯自稱的謙詞。槖，同「穀」，又通「轂」。⑩致數與無與：與，通「譽」，名譽、榮譽。《墨子· 修身篇》：「名不可簡而成也，譽不可巧而立也。名譽不可虛假，反之身者也。」《了凡四訓》：「名者，造物所忌。世之享盛名而實不副者，多有奇禍；人之無過咎而橫被惡名者，子孫往往驟發。陰陽之際，微矣哉！」⑪蓮：「裂」之假借。⑫發：通「廢」。崩壞；停止。⑬欮 ：通「蹶」。傾倒，顛覆。⑭與：同「歟」。文言助詞，表示疑問、感嘆、反詰等語氣。⑮輿：通「譽」。榮譽。⑯祿祿：平凡貌。⑰硌硌（luò luò）：堅硬。⑱貞：通「正」。⑲琭琭：形容稀少珍貴。⑳珞珞（luò luò）：堅硬貌。剛正貌。㉑數車無車：河上公註：「言人就車數之，為輻、為輪、為轂、為衡、為轝，無有名為車者，故成為車。以諭侯王不以尊號自名，故能成其貴。」

【譯文】從前所有能夠與大道保持一致的事物：天與道合一，則能夠清明；地與道合一，則能夠安寧；神與道合一，則能夠靈應；河谷與道合一，則能夠充盈；侯王與道合一，則能夠成為天下之主。其極致情況是，可以說天不可能永遠清明，恐怕總有破裂之時；地不可能永遠安寧，恐怕總有崩壞之時；神不可能永遠靈應，恐怕總有失靈之時；河谷不可能永遠充盈，恐怕總有枯竭之時；（萬物不可能永遠滋生，恐怕總有滅絕之時；）侯王不可能永遠保持高貴的地位，恐怕總有傾覆之時。因此，想要保持尊貴的地位，一定要以卑賤者為根本；想要保持崇高的地位，一定要以居於下位者為基礎。所以侯王往往自稱為「孤」「寡人」「不穀」等謙稱，這不正是以卑賤為根本的表現嗎？難道不是這樣嗎？所以招致太多的榮譽，反而沒有榮譽。因此，不要追求做華美的寶玉，而願意做質樸堅硬的石頭。

三（通行本第四十一章）

帛書甲本：

□□道善□□□□

帛書乙本：

上□□道，堇[1]能行之；中士聞道，若存若亡[2]；下士聞道，大笑之。弗笑□□以爲道。是以建言[3]有之曰：明道如費[4]，進道如退，夷道如類[5]。上德如浴[6]，大白如辱[7]，廣德[8]如不足，建德如□質□□□大方[9]無禺[10]，大器免成[11]，大音希聲，天象[12]無刑[13]。道褒[14]無名。夫唯道，善始且善成。

王弼注本（四十一章）：

上士聞道，勤而行之；中士聞道，若存若亡；下士聞道，大笑之。不笑，不足以爲道。故建言有之：明道若昧，進道若退，夷道若纇[15]。上德若谷，大白若辱，廣德若不足，建德若偷，質眞若渝[16]。大方無隅，大器晚成，大音希聲，大象無形。道隱無名。

夫唯道，善貸[17]且成。

河上公本（同異第四十一）：

上士聞道，勤而行之；中士聞道，若存若亡；下士聞道，大笑之，不笑不足以爲道。故建言有之：明道若昧，進道若退，夷道若類。上德若谷，大白若辱，廣德若不足，建德若偷，質眞若渝。大方無隅，大器晚成，大音希聲，大象無形。道隱無名。夫惟道，善貸且成。

【註釋】①堇（jǐn）：《說文解字》：「時也。」又通僅、勤、謹。②亡（wú）：通「無」。③建言：古語、古諺；格言；立言。④費：通「悖」（bèi）。混亂、相衝突；違背道理、謬誤。郭店楚簡本作「孛」，為「悖」的本字。一說同「昒」，目不明也。通行本均作「昧」，有昏暗不明、違背常理之義。⑤類：通「纇」。⑥浴：同「谷」。山谷。⑦辱：黑垢，黑色。⑧廣德：盛德。⑨大方：最大的方形。古人認為天圓地方，故大方又代指大地。《管子·內業》：「人能正靜……乃能戴大圜而履大方」。⑩禺：通「隅」。角。⑪大器免成：最大的器物不會固定成型，因此其作用不會窮盡。《論語·為政》：「子曰：『君子不器。』」「免」，郭店楚簡本作「曼」，通「無」，其意與「免」接近。通行本均作「大器晚成」，意思是最大的器物往往最晚成就。結合上下文可知，「大器免成」是正確無疑的，其哲學性也更為深刻。其實，早在帛書本未出土之前，就已有人猜測「大器晚成」中的「晚」應訓為「免」或「無」。1929年由商務印書館出版、陳柱選注的《老子》一書中，注者指出：「又如『大器晚成』，向之解者，皆以晚為早晚之晚；今按上文『大方無隅』，下文『大音希聲』，

第十四章云『聽之不聞名希』，『大象無形』，均『無隅』與『大方』相反，『希聲』與『大聲』相反，『無形』與『無象』相反。則『晚成』亦必與『大器』相反，『晚』從『免』聲，當有免義；『晚成』猶言無成，『希聲』猶言無聲，與『無隅』『無形』文義一例，『晚』訓為『無』，猶『莫』字本『暮』本字，而訓『無』也。」由此也證明了帛書本的可貴。當然，如果不考慮上下文，「大器晚成」四字單獨拎出來作為一個成語，也能講得通，指大材需要很長時間加工才能做成。比喻有大才的人要經長期磨煉，成就往往較晚，或作對長期不得意人的安慰話。⑫天象：郭店楚簡本亦作「天象」。通行本均作「大象」。最大的形象就是天，從這層意思理解，二者是相通的。⑬刑：通「形」。⑭褒（bāo）：同「褒」。廣大。⑮纇（lèi）：絲線上的結節。形容不平坦、不順暢。⑯渝：水由淨變汙，引申為改變、違背。⑰貸：施予、給予；饒恕、寬恕。

【譯文】智識上乘的人聽聞了大道，能夠恭敬誠懇、盡心盡力地勤奮踐行；智識中等的人聽聞了大道，若有若無，將信將疑；智識低下的人聽聞了大道，因為不理解而哈哈大笑，如果他不笑，那麼大道也就不足以成為大道了。因此古時候的格言說：光明正確的道路，似乎是幽暗不明、違背常理的；前進的道路，似乎是在後退；平坦的道路，似乎是崎嶇不平的。最崇高的德行，卻看起來好像山谷一樣空無所有；最純淨潔白的東西，卻看起來好像含有黑垢；最廣大深厚的品德，卻看起來好像是有所不足；剛健有為、能夠有所建樹的德行，卻看起來好像是懶散懈怠、苟且偷安；最純正堅貞的品質，卻看起來好像是汙穢不淨、變化無常的。大地作為最大的方形，看起來好像沒有棱角;有大用的器物,反而不需要刻意雕琢,不會固定成型;最美妙的音樂,聽起來好像無聲無息;最大的形象(天),看不清它的形狀。無上的大道廣大幽遠,莫可名狀,無形無相,無聲無息,看不見摸不著。然而正是這個大道,善於造生萬物,並且幫助、包容、成全萬物,使萬物善始善終。

四（通行本第四十章）

帛書甲本：

□□□，道之動也；弱也者，道之用也[①]。天□□□□□□□□□

帛書乙本：

反也者，道之動也[②]□□者，道之用也。天下之物生於有[③]，有□於無[④]。

王弼注本（四十章）：

反者，道之動；弱者，道之用。天下萬物生於有，有生於無。

河上公本（去用第四十）：

反者，道之動；弱者，道之用。天下萬物生於有，有生於無。

【註釋】①弱也者，道之用也：許嘯天曰：「弱，是順的意思。道是最虛、最靜、最柔順，從來不自作主張，違抗萬物的生理。但我們須知道他的弱，是要養成容納萬事萬物的真理，虛懷謙退，不逞主觀的意氣。

才能明白天地間至公至正的大道，這是有主張的弱、有作用的弱，不是柔弱無能的弱。因此天道最弱，也是最強。任你如何有大勢力的人物，總不能夠違背天道。你若逆天行事，便要得到天道最後的裁判。好似水一般，水是最柔，也是最剛；水最仁慈，能利潤萬物。但你若違背了水性，便有洪水之災，能淹沒高山大地，傷害無數生命。我們從這上面可以知道，天道的弱，正是他的作用，所以說弱者道之用。」②反也者，道之動也：「反」是大道的運動特性。反，通「返」。這裏的「反」有以下幾層含義：一是反向，任何事物都存在相反相成的陰陽兩種力量相互作用，處於動態變化之中，使其總是在朝著相反的方向發展，正所謂「物極必反」；二是反復，事物的發展不是線性的，而是閉環式或者螺旋式的，周而復始，循環往復；三是反歸：人施加給外界的所有動作和行為，最後都會返回到自己身上，這就是作用力與反作用力，類似於佛教中所說的「因緣果報」。《禮記· 大學》：「言悖而出者，亦悖而入；貨悖而入者，亦悖而出。」《太上道德經八洞仙祖分章合注》（出《續道藏》，以下簡稱《八仙注》）：「反，即物極必反之反，亦即反而歸者之反。」張純一《老子通釋》：「妙道湛寂，如如不動，動則與道反矣。然動極必靜，復歸其根，無往不復，隨緣終不變也。」③有：物質性的存在，具有實質的可感知的事物。④無：虛無。指超現實世界的形而上的存在。

【譯文】向相反的方向發展，並循環往復，是道發揮動能作用時的運行規律；保持柔弱、謙卑示弱，是大道的作用，也是萬物在道的作用下顯示出的狀態。天下的萬物都產生於物質元素，而物質元素來源於無形、無聲、無質的超現實世界。

五（通行本第四十二章）

帛書甲本：

□□□□□□□□□□□□□□□□□□□□□□中氣[①]以爲和。天下之所惡，唯孤、寡、不橐[②]，而王公以自名也。勿，或敗[③]之□□□之而敗。故人□□教，夕[④]議[⑤]而教人。故強良[⑥]者不得死，我□以爲學父[⑦]。

帛書乙本：

道生一[⑧]，一生二[⑨]，二生三[⑩]，三生□□□□□□□□□□□□□以爲和。人之所亞[⑪]，唯□寡、不橐，而王公以自□□□□□□□云[⑫]，云之而益□□□□□□□□□□□□□□□□□□□□將以□□父。

王弼注本（四十二章）：

道生一，一生二，二生三，三生萬物。萬物負陰而抱陽[⑬]，沖氣以爲和。人之所惡，唯孤、寡、不穀，而王公以爲稱。故物，或損之而益，或益之而損。人之所教，我亦教之。強梁者不得其死，吾將以爲教父[⑭]。

河上公本（道化第四十二）：

道生一，一生二，二生三，三生萬物。萬物負陰而抱陽，沖氣以爲和。人之所惡，唯孤、寡、不轂，而王公以爲稱。故物，或損之而益，或益之而損。人之所教，我亦教之。強梁者不得其死，吾將以爲教父。

【註釋】①中氣：即「沖氣」。陰陽二氣相互衝盪交感。中，通沖（或「衝」），衝盪、激盪。②不槖：不善，古代王侯自稱的謙詞。槖，同「穀」，又通「轂」。③敗：同「損」。減少。④夕：「亦」之假借。也。⑤議：主張。一說通「我」。⑥強良：即「強梁」。強橫霸道，兇狠殘暴。⑦父：通「甫」。開始。⑧一：道始生萬物的進程中最元始的階段，即天地未分之前混沌不清、模糊一團的狀態，古時稱之為「太一」或「太極」。⑨二：即陰、陽二氣，或曰天地。在混沌的太一狀態中，逐漸分出陰、陽二氣，陽氣清輕而上升而為天，陰氣重濁而下沉而為地，天地始生。⑩三：陰氣、陽氣以及陰陽二氣交感所產生的沖和之氣。陽氣上升，陰氣下沉，陰陽二氣需要沖和之氣的調和，才能得以平衡，萬物方得始生。或曰天、地、人三才。⑪亞：通「惡」。厭惡。⑫云：通「損」。《說文》：「損，減也。從手，員聲。」陸德明《經典釋文》：「員音云，本亦作云。」故云、員、損通假。又據《廣雅》：「云，有也。」⑬負陰而抱陽：負，背也；抱，向也。陰靜而居後居下，故曰背；陽動而居前居上，故曰向。萬事萬物都存在陰陽兩種能量相互作用，產生動態平衡。⑭吾將以為教父：馬其昶《老子故》卷二：「周廟金人銘云：『強梁者不得其死。』此古人所以教人者，吾亦教之。故舉其語而讚之曰：吾將以為教父。言當奉此銘若師保也。」

【譯文】在大道運行的作用下，產生了太極混沌之氣；太極混沌逐漸分解生成陰、陽二氣，天地始生；陰、陽二氣相互交感激盪產生沖和之氣；陰氣、陽氣和沖和之氣三者相互作用，從而產生天地萬物。天地萬物都包含著陰氣、陽氣兩種屬性，陰陽二氣相互激盪，從而維持和諧動態平衡。天下人所厭惡的，就是「孤」「寡」「不穀」等這些字眼，然而王公卻用它們作為對自己的稱呼。所以事物的規律往往是，本來或許是想要使其減損，結果反而使其增加；本來或許是想要使其增加，結果反而使其減損。這是古人所教導的道理，我也將這種主張拿來教導別人。因此說，強橫霸道、兇狠殘暴的人，不能得到善終。我將這個道理作為教育的開始。

六（通行本第四十三章）

帛書甲本：

天下之至柔[①]□騁於天下之致[②]堅。無有入於無間[③]。五[④]是以知無爲[⑤]□□益也。不□□教，無爲之益□下希能及之矣。

帛書乙本：

天下之至□馳騁[⑥]乎天下□□□□□□□無間。吾是以□□□□□□也。不□□□□□□□□□□□□□矣。

王弼注本（四十三章）：

天下之至柔，馳騁天下之至堅。無有入無間。吾是以知無爲之有益。不言之教[⑦]，無爲之益，天下希及之。

河上公本（遍用第四十三）：

天下之至柔，馳騁天下之至堅。無有入無間。吾是以知無爲之有益。不言之教，無爲之益，天下希及之。

【註釋】①柔：本義是樹木可曲可直。《說文》：「柔，木曲直也。」段注：「凡木曲者可直，直者可曲，曰柔。」柔，是老子哲學的表現，也是道的本性。柔者，順也。天道無言，虛空柔靜，他順著物性，使萬物在天地間自然生長，自然行動。但道的體雖至柔，道的性卻至剛。比如空氣和水，是天下最柔弱的東西，卻能無孔不入、無堅不摧。水可以移山倒海，風可以飛沙走石。老子勸人也要效法天道之柔來立身處世，但是老子所說的柔不是一味地柔弱無能，而是外柔內剛、外圓內方，在明白天道的基礎上，適應自然，凡事順應物理人情做去，胸中有最公正的主張，不為威武所屈，不為利欲所誘。②致：通「至」。最。③無有入於無間：本體無有，則所入無有間隔，如水、如氣、如聲，皆是也。比喻大道無形，而普利萬物，無所不至也。④五：通「吾」。我。⑤無為：不人為刻意而為，而是順應自然而為。「無為」是《道德經》中最重要的哲學概念之一，貫穿整部《道德經》。對其的解釋也是眾說紛紜，但各家的核心理念是一致的，所謂「無為」，並不是消極地甚麼都不做，而是順應自然規律地、不帶有功利性和目的性地去作為，不妄為，不亂為，不多為；順著人群互助博愛的原則，使全社會普遍發展。《淮南子·原道訓》：「所謂無為者，不先物為也；所謂無不為者，因物之所為也。」《文子·自然》：「所謂無為者，非謂其引之不來，推之不去，迫而不應，感而不動，堅滯而不流，捲握而不散。唯能變通循時，應物無滯，謂之無為。謂其私志不入公道，嗜欲不掛正術，循理而舉事，因資而立功，推自然之勢，曲故不得容。事成而身不伐，功立而名不有。若夫水用舟，沙用鴃，泥用輴，山用樏，夏瀆冬陂，因高為山，因下為池，非吾所為也。用其所利，各得其便。」佛家亦講究無為，如《金剛經》云：「一切賢聖皆以無為法而有差別。」進而言之，無為就是無我而為、無私而為。以無我利他的精神，摒棄我執和法執，順應天道和人性，以出世的精神做入世的事業，利益眾生，自利利他，自覺覺他。⑥馳騁（chí chěng）：本意指縱馬奔馳。引申為自由地或隨意地到處走動；漫遊。⑦不言之教：無言的教導，不以語言為重的教化。這裏的言，引申為發號施令、道德說教、繁文縟節等。無言勝有言，無聲勝有聲。「天地不言，能成其大；至情無言，莫逆於心。」人的情感，待到如果需要用語言表示了，那他的情感已經有隔膜不自然的地方了。不論哀樂，都以不言為最深的表示。蘇軾《江城子》：「相顧無言，惟有淚千行。」對語言採取得意忘言的拋棄態度，在非語言的語境中達到無為。語言的教化並不是最高明的教化，身教重於言教。最高的真理往往不可言說，語言有時是蒼白無力的，每個人走上覺悟道路從根本上來說都是由內而外的自覺，語言只是助緣。儒家、佛家對語言文字的功能也同樣採取辯證的態度。如《論語·陽貨》：「子曰：『予欲無言。』」《金剛經》：「若人言，如來有所說法，即為謗佛，不能解我所說故。須菩提！說法者，無法可說，是名說法。」禪宗主張，教外別傳，不立文字，直指人心，見性成佛。

【譯文】天下最柔弱的東西（如水、空氣等），能夠任意地游走、存在於最堅硬的物體之中。沒有形體的事物可以進入看似沒有空隙的物體之中。我因此認識到自然無為的好處。不以語言為重的教化，自然無為的好處，天下很少有人能夠認識到其中的奧妙，更何況是達到這種境界呢！

七（通行本第四十四章）

帛書甲本：

名與身孰[1]親？身與貨孰多[2]？得與亡孰病[3]？甚□□□□□□□□亡。故知足不辱，知止不殆[4]，可以長久。

帛書乙本：

名與□□□□□□□□□□□□□□□□□□□□□□□□□□□□□□□□□□□□

王弼注本（四十四章）：

名與身孰親？身與貨孰多？得與亡孰病？是故甚愛必大費[5]，多藏必厚亡[6]。知足不辱，知止不殆，可以長久。

河上公本（立戒第四十四）：

名與身孰親？身與貨孰多？得與亡孰病？甚愛必大費，多藏必厚亡。知足不辱，知止不殆，可以長久。

【註釋】①孰（shú）：誰，哪個。②多：重。《說文》：「多，重也，從重夕。夕者，相繹也，故為多。重夕為多。」③病：損害、禍害。④知足不辱，知止不殆：《史記·蔡澤傳》：「欲而不知止，失其所以欲；有而不知足，失其所以有。」⑤甚愛必大費：甚，本意是沉溺於男歡女愛。引申為過度、過分。《說文》：「甚，尤安樂也。」徐灝注：「甚，古今字。女部。樂也。通作耽、湛。《衞風・氓篇》：『無與士耽。』《小雅・常棣篇》：『和樂且湛。』皆甚字之本義。」愛，喜愛，吝惜、捨不得。《孟子・梁惠王上》：「齊國雖褊小，吾何愛一牛。」「百姓皆以王為愛也。」人有喜愛的事物，或者人能夠被人喜愛，本是好事，但是要把握好度，愛一旦過度則會帶來禍患。正如《資治通鑑》所說：「愛之不以道，適所以害之也。」⑥多藏必厚亡：多藏貨者，其重身反不如之，必至喪亡軀命而隕生；貴而多藏，一旦而失之，其亡也必厚。無所藏則無所失，藏之少則失亦少，多藏乃所以厚亡也，是因貨而使身之厚者喪亡也。蓄貨欲以富其身，藏之多，則攻之者必眾，能無亡乎。孟子曰：「寶珠玉者，殃必及身」。生多藏於府庫，死多藏於丘墓。生有攻劫之憂，死有掘塚探柩之患。

【譯文】名譽和生命，哪一個更值得親近？生命和財貨，哪一個更重要？得到名利和失去生命，哪一個更有害？過分地貪愛，一定會招致更加巨大的耗費；過多地收藏財物而不懂得施捨，一定會招致重大的損失。因此，懂得滿足，就不會受到折辱；懂得適可而止，就不會遇到危險，這樣才能使生命長久平安，使人生長遠發展。

八（通行本第四十五章）

帛書甲本：

大成若缺，其用不幣[1]；大盈若盅，其用不窘[2]。大直如詘[3]，大巧如拙[4]，大贏如炳[5]。趮[6]勝寒，靚勝炅[7]，請[8]靚可以爲天下正。

帛書乙本：

□□□□□□□□□□盈如沖，其□□□□□□□□□□如拙□□□絀[9]。趮朕[10]寒□□□□□□□□□□□□□

王弼注本（四十五章）：

大成若缺，其用不弊；大盈若沖，其用不窮。大直若屈，大巧若拙，大辯若訥[11]。躁勝寒，靜勝熱，清靜爲天下正。

河上公本（洪德第四十五）：

大成若缺，其用不弊；大盈若沖，其用不窮。大直若屈，大巧若拙，大辯若訥。躁勝寒，靜勝熱，清靜爲天下正。

【註釋】①大成若缺，其用不幣：大成，成就萬物，無物不成，言乎道也；若缺者，不見其成之謂。幣，通「敝」，敗壞，衰敗。大成之物，若有缺損，則用之時必因其缺損而節用之，恐其更損而戒慎之，反得以用之不敝。大成之人，即一個真正有成就的人，看起來有所欠缺，好像一無所能，缺才少德，但它的德性卻絲毫沒有破壞，當需要用時，是非常具足而圓滿的。《史記·龜策列傳》：「孔子聞之曰：『……物安可全乎？天尚不全，故世為屋，不成三瓦而陳之，以應之天。天下有階，物不全乃生也。』」②大盈若盅，其用不窮（qióng）：盅，同「沖」。空虛，一無所有。《玉篇》：「沖，虛也。」窮，同「窮」。窮盡，消失。《漢語大字典》：「窮，盡。也作『窮』。」言器之大盈者，若空無所有，故反而用之不窮。一個內心真正充實盈滿的人，反而好像是空虛，一無所能的樣子。③大直如詘（qū）：詘，彎曲，引申為屈服、折服。最正直的人表面上看起來好像無原則，曲意隨和。真正的「直」只存在於相對小的事物中，比如鉛筆、直尺、箭等；到了一定規模，超出一定長度，一定是彎曲的。事實上，我們之所以覺得很多東西是「直」的，是因為認知的局限所致。比如，眼前的道路是直的，但如果一直延伸下去，繞地球一圈之後，必然會回到起點，因為地球是圓的。④大巧如拙：指真正有智慧的人，從不顯露自己，表面看起來好像很笨拙。「大巧」就是自然而然，不費心機，不進行人工干預，不矯揉造作，因材致用，順勢而成。乍看之下，顯得很笨拙，但實際上卻是大巧至巧。⑤炳：本讀作nèn。此處假借為「朒」，讀作nǜ，一作「朒」。不足；虧缺。《九章算術·盈不足》「盈不足」晉劉徽註：「盈者謂之朓，不足者謂之朒。」一說，「炳」為「絀」之誤。⑥趮（zào）：同「躁」。動。《管子·心術上》：「搖者不定，趮者不靜。」⑦靚（jìng）：通「靜」。幽靜，安靜。賈誼《鵩鳥賦》：「澹乎若深淵之靚。」揚雄《甘泉賦》：「稍暗暗而靚深。」顏師古注曰：「靚，即靜字。」

炅(jiǒng):熱。⑧請:通「清」。⑨絀(chù):不足,不夠。⑩朕:或為「勝」之訛。甲本及通行本均作「勝」。⑪大辯若訥(nè):真正善於辯論的人表面上好像笨嘴拙舌,寓意善辯的人發言持重、不露鋒芒。辯,是為了說明是非或爭論真假。真理不是靠伶牙俐齒、巧言令色去爭論出來的。它的力量能穿越時空,放之四海而皆準。真理本來就明,不明的其實是辨者本人。所以,有道者不假言辭,只是默默踐行規律,以自身示現大道,用德行說明一切。做到的力量勝過所有雄辯。《論語·里仁》:「君子欲訥於言而敏於行。」《墨子·修身》:「慧者心辯而不繁說,多力而不伐功,此以名譽揚天下。」

【譯文】最大的成就、最完備的事物好似有所欠缺,而它的作用不會衰竭;最圓滿充盈的事物好像空虛的一樣,而它的作用不會窮盡。最直的東西好像是彎曲的,最靈巧的技能好像是笨拙的,最盈滿的狀態好像有所欠缺。(最善於辯論的人好似木訥遲鈍、不善言辭。)運動可以驅走寒冷,安靜能夠克服炎熱,所以清靜無為是君主治理天下所應遵循的最重要的原則。

九（通行本第四十六章）

帛書甲本：

天下有□□走馬以糞[①]；天下無道，戎馬[②]生於郊[③]。罪莫大於可欲，䣿[④]莫大於不知足，咎莫憯[⑤]於欲得□□□□□恒[⑥]足矣。

帛書乙本：

□□□道，卻走馬□糞；無道，戎馬生於郊。罪莫大於可欲，禍□□□□□□□□□□□□□□□□□□足矣。

王弼注本（四十六章）：

天下有道，卻走馬以糞；天下無道，戎馬生於郊。禍莫大於不知足；咎莫大於欲得。故知足之足，常足矣。

河上公本（儉欲第四十六）：

天下有道，卻走馬以糞；天下無道，戎馬生於郊。罪莫大於可欲。禍莫大於不知足，咎莫大於欲得。故知足之足，常足。

【註釋】①走馬：跑得快的馬，即戰馬。糞：施肥。指耕種田地。②戎馬：軍馬。③郊：《說文》：「郊，距國百里為郊。」古時都城稱國，郊屬於都城之近地，兩國相爭，兵戎先見於郊。④禍：同「禍」。⑤憯（cǎn）：慘痛；傷痛。《說文·心部》：「憯，痛也。」⑥恒：持久。通行本凡「恒」字處均作「常」。係因避漢文帝劉恒的名諱而改。下同。

【譯文】如果遵循大道來治理天下，則政治清明、安定太平，就連通常被用作戰馬的快馬也會被拉回去耕種田地；如果不以大道來治理天下，則戰亂不斷，連懷孕的母馬都會被徵用作戰馬，以至於在城郊的戰場上生下小馬。最大的罪惡莫過於貪欲太重，最大的禍害莫過於不懂得滿足和節制，最慘痛的災禍就是貪得無厭，甚麼都想得到。所以人應當懂得滿足、節制、適可而止，這是一種富足的心態，擁有這種富足心態的人才是真正長久的富足。

十（通行本第四十七章）

帛書甲本：

不出於戶①，以知天下；不規於牖②，以知天道。其出也彌③遠，其□□□□□□□□□□□□□□□□□□□□□爲而□

帛書乙本：

不出於戶，以知天下。不規④於□□知天道。其出彌遠者，其知彌□□□□□□□□□□□□□而名⑤，弗爲而成。

王弼注本（四十七章）：

不出戶，知天下；不窺牖，見天道。其出彌遠，其知彌少。是以聖人⑥不行而知，不見而名，不爲而成。

河上公本（鑒遠第四十七）：

不出戶，知天下；不窺牖，見天道。其出彌遠，其知彌少。是以聖人不行而知，不見而名，不爲而成。

【註釋】①戶：門。《字書》：「一扇曰戶，兩扇曰門。又在於堂室東曰戶，在於宅區域曰門。」②規（kuī）：通「窺」，從小孔、縫隙或隱蔽處觀察。《商君書·境內》：「不能死之，千人環規。」牖（yǒu）：窗。《說文》：「牖，穿壁以木為交窗也。」段玉裁注：「交窗者，以木橫直為之，即今之窗也。在牆曰牖，在屋曰窗。」③彌（mí）：同「彌」。更加。④規：同「規」。通「窺」。⑤名：通「明」。猶言明白。⑥聖人：在中國傳統文化中，「聖人」指德高望重、有大智慧、已達到人類最高最完美境界的人；也作為對君主的尊稱。老子所言聖人，多為最高統治者之代稱。

【譯文】不用走出門戶，就能夠知曉天下大事；不用朝窗外窺視，就能夠通達自然規律和宇宙法則。如果是向外尋求探索，那麼走出去得越遠，獲得的真知就越少。因此，聖人不用親自實踐和經歷就能知道，不用親眼看見就能明白，不用親力親為就能成功。

十一（通行本第四十八章）

帛書甲本：

□□□□□□□□□□□□□□□□□□□□□□□□□取天下也，恒□□□□□□□□□□□□□□□

帛書乙本：

爲學者日益，聞道者日云[①]。云之有[②]云，以至於無□□□□□□□□取天下，恒無事；及其有事也，□足以取天□

王弼注本（四十八章）：

爲學日益，爲道日損。損之又損，以至於無爲。無爲而無不爲。取天下，常以無事；及其有事，不足以取天下。

河上公本（忘知第四十八）：

爲學日益，爲道日損。損之又損，以至於無爲。無爲而無不爲。取天下，常以無事；及其有事，不足以取天下。

【註釋】①聞道：聽聞、學習大道。此處通行本均作「為道」。《莊子·知北遊》作「為道者日損。」云：通「損」。《說文》：「損，減也。從手，員聲。」陸德明《經典釋文》：「員音云，本亦作云。」故云、員、損通假。②有：通「又」。

【譯文】學習、探求世俗學問，是在做加法，知識經驗一天天積累增加；而聽聞、修學大道，是在做減法，妄想、分別、執著、情欲、主觀成見等一天天減少。隨著修行的深入，這些主觀意識層面的東西減少再減少，最後達到清靜無為的境界。達到清靜無為的狀態，反而沒有甚麼事情是做不成的。想要治理好天下，永遠依靠的都是清靜無為、與民休養生息；如果刻意妄為生事，隨意制定政令，就會滋擾民眾生活，則無法治理好天下。

十二（通行本第四十九章）

帛書甲本：

□□□□□以百□心爲□善者善之，不善者亦善□□□□□□□□□□□□□□□□□□信也□□之在天下，愴愴[①]焉；爲天下，渾[②]心。百姓皆屬[③]耳目焉，聖人□□□

帛書乙本：

□人恒無心，以百省[④]之心爲心。善□□□□□□□□□□□善也。信者信之，不信者亦信之，德信也。耶[⑤]人之在天下也，欲欲[⑥]焉□□□□□□□□皆注其□□□□□□□□□

王弼注本（四十九章）：

聖人無常心，以百姓心爲心。善者，吾善之；不善者，吾亦善之，德善[⑦]。信者，吾信之；不信者，吾亦信之，德信。聖人在天下，歙歙；爲天下，渾其心。聖人皆孩[⑧]之。

河上公本（任德第四十九）：

聖人無常心，以百姓心爲心。善者，吾善之；不善者，吾亦善之，德善。信者，吾信之；不信者，吾亦信之，德信。聖人在天下，怵怵[⑨]；爲天下，渾其心。百姓皆注其耳目，聖人皆孩之。

【註釋】①愉愉（xī）：愉，通「歙」，同「翕」，鳥起飛時先閉合羽翼再張開。《爾雅·釋詁》：「翕，合也。」《說文解字注》：「翕從合者，鳥將起必斂翼也。」故有閉合、收斂之義。言聖人在天下自然而不張揚，行事低調而樸實。②渾：渾厚、天然、淳樸。此處作動詞，意思是使（人心）歸於渾厚淳樸的狀態。③屬：通「矚」，矚目、注視。《國語·晉語五》：「則恐國人之屬耳目於我也。」又通「注」，傾注。《周禮·考工記·匠人》：「水屬不理孫。」鄭玄注：「屬，讀為注。」帛書乙本和通行本此處作「注」。④百省：百姓。「省」，通「眚」；「眚」又通「生」。故百省即百生，也就是百姓。「百姓」在古金文中均作「百生」。⑤耶：同「聖」。⑥欱：同「歙」。⑦德善：德，通「得」。聖人沒有分別心，只有平等心，對於不善的人，也善待他，漸漸使其感化，從而使天下人同歸於善。而不是採取嚴刑峻法等激烈的手段，來強行改變他。這是一種深入德性、廓然大公、眾生平等的善。⑧孩：此處作動詞，像對待自己的孩子一樣對待（百姓）；一說，使（百姓）像嬰孩一樣天真淳樸、無知無欲。此字帛書甲、乙本均殘缺。北大漢簡本作「晐」（gāi），本指日光兼覆，引申為賅備、兼備、包容。其說亦通。⑨怵怵：戒懼、警惕貌。

【譯文】聖明的君主從來都沒有個人的主觀意志（沒有固執不變的思想），而是以百姓的意志為意志，一秉大公，無分別心。對於善良的人，我善待他；對於不善良的人，我也以善意對待他，漸漸感化他，使他變成善良的人，從而使天下人同歸於善，這是一種深入德性的「善」。對於誠信的人，我相信他；對於不誠信的人，我也相信他，漸漸感化他，使他變成誠信的人，從而使天下人同歸於誠信，這是一種深入德性的「信」。聖明的君主蒞臨天下的時候，呈現出的是一副體任自然、低調內斂（戒慎恐懼）的樣子；治理天下的時候，是要使天下人之心歸於渾厚淳樸的狀態。所以天下人都注視和傾聽於聖明的君主；聖明的君主對待百姓，像慈母撫育嬰孩一樣，不論其善與不善、信與不信，都一視同仁，不存有些許成見。

十三（通行本第五十章）

帛書甲本：

□生□□□□□□有□□□徒[①]十有三；而民生生，動[②]皆之死地[③]之十有三。夫何故也？以其生生也。蓋□□執生[④]者，陵行[⑤]不□矢[⑥]虎，入軍不被甲兵。矢無所椯[⑦]其角，虎無所昔其蚤[⑧]，兵無所容□□□何故也？以其無死地焉。

帛書乙本：

□生入死。生之□□□□□之徒十又三；而民生生，僮[⑨]皆之死地之十有三□何故也？以其生生。蓋聞善執生者，陵行不辟[⑩]兕[⑪]虎，入軍不被兵革。兕無□□□□□□□□其蚤，兵□□□□□□□□也？以其無□□□

王弼注本（五十章）：

出生入死[⑫]。生之徒，十有三；死之徒，十有三；人之生，動之死地，亦十有三。夫何故？以其生生之厚。蓋聞善攝生[⑬]者，陸行不遇兕虎，入軍不被甲兵。兕無所投其角，虎無所措其爪，兵無所容其刃。夫何故？以其無死地。

河上公本(貴生第五十):

出生入死。生之徒，十有三；死之徒，十有三；人之生，動之死地，十有三。夫何故？以其生生之厚。蓋聞善攝生者，路行不遇兕虎，入軍不避甲兵。兕無所投其角，虎無所措其爪，兵無所容其刃。夫何故？以其無死地。

【註釋】①徒：徒黨，同一類或同一派別的人。《孟子·滕文公下》：「聖人之徒也。」又通「塗」，即「途」，途徑、路徑。②勭：同「動」。③之死地：之，至也。走向死亡之地。高延第《老子證義》：「生生之厚，謂富貴之人厚自奉養，服食藥餌以長生，適自蹈於死地，此即動而之死者之端。」④執法：猶攝生。謂保護自身。⑤陵行：在山裏行走。陵，大土山，山陵。一說在陸地上行走。屈原《天問》：「釋舟陵行，何之遷之?」北大漢簡本亦作「陵行」，通行本均作「陸行」，蓋「陵」與「陸」字形相近。⑥矢：通「雉」，本字為「舄」。《集韻》：「雉，本作舄。」「舄」同「兕」。雌犀牛。⑦椯(duǒ)：《說文》：「椯，剟也。」剟(duō)，刺、戳。⑧昔(cuò)：假借為「措」，放置。蚤：通「爪」。⑨僮：通「勭」。「勭」同「動」。⑩辟：古同「避」，躲，設法躲開。⑪累(sì)：「兕」的古字。雌犀牛。⑫出生入死：人的一生就是從出生到死亡的過程。《韓非子·解老》：「人始於生而卒於死，始謂之出，卒謂之入，故曰出生入死。」「入」，一說走入、走向。人從一出生開始就逐漸走向、逼近死亡。若如此理解，則頗有哲學思辨之意味，提醒人們生死無常，務必珍惜生命。⑬攝生：養生。《老子道德經憨山注》：「蓋聞善養生者，不養其生，而養其生之主。然有其生者，形也；主其生者，性也。性為生主。性得所養，而復其真，則形骸自忘。形忘則我自空，我空則無物與敵。故陸行不遇兕虎，入軍不避甲兵。」《素問·上古天真論》：「虛邪賊風，避之有時；恬淡虛無，真氣從之；精神內守，病安從來？」古諺云：「道高龍虎伏，德重鬼神欽。」

【譯文】人從一出生開始就一步步走向死亡。在這一生中，選擇有利於長久生存的生活方式的人，佔到了十分之三；選擇促進快速死亡的生活方式的人，佔到了十分之三；本來可以長壽善終，卻為了養生，而過度地追求物質生活，反而因為妄動而都將他們推向了死亡的境地，選擇這種路徑的人也佔到了十分之三。這是為甚麼呢？就是由於他們過度追求物質生活，以為可以厚養生命、提高生命質量，卻不知道這樣做違反了自然之道，損害了生命健康。聽說那些真正善於養生的人，在山間和陸地上行走時，不用躲避（不會遇到）犀牛和老虎等猛獸的傷害；在戰爭中，不會遭到兵器的傷害。犀牛沒有地方戳它的角，老虎沒有地方放置它的爪子，兵器也沒有地方容納它的鋒刃。這是甚麼緣故呢？因為這樣的人無私、無欲、無我、無爭，無害人害物之心，精神內守不妄動，一團真氣凝聚，達到了「物我一體」的境界，從而不會被外在的環境所傷害，自然也就不會使自己陷於死亡之境地。

十四（通行本第五十一章）

帛書甲本：

道生之[1]，而德畜之[2]；物刑[3]之，而器成之[4]。是以萬物尊[5]道而貴□□之尊，德之貴也，夫莫之时[6]，而恒自然也。道生之畜之，長之遂[7]之，亭□□□□□□□□□□弗有也，爲而弗寺[8]也，長而弗宰[9]也，此之謂玄德[10]。

帛書乙本：

道生之，德畜之，物刑之，而器成之。是以萬物尊道而貴德[11]。道之尊也，德之貴也，夫莫之爵也，而恒自然也。道生之畜之□□□之亭之毒之[12]，養之復[13]之□□□□□□□□□□□□弗宰，是胃[14]之玄德。

王弼注本（五十一章）：

道生之，德畜之，物形之，勢成之。是以萬物莫不尊道而貴德。道之尊，德之貴，夫莫之命，而常自然。故道生之，德畜之，長之育之，亭之毒之，養之覆之。生而不有，爲而不恃，長而不宰，是謂玄德。

河上公本（養德第五十一）：

道生之，德畜之，物形之，勢成之。是以萬物莫不尊道而貴德。道之尊，德之貴，夫莫之命，而常自然。故道生之，德畜之，長之育之，成之熟之，養之覆之。生而不有，爲而不恃，長而不宰，是謂玄德。

【註釋】①之：代指自然萬物。②德畜之：德，指大道賦予萬物各自的本性和規律；一說，指自然無為之作用。王弼注：「道者，物之所由。德者，物之所得也。」《莊子・庚桑楚》：「性之動謂之為，動以不得已之謂德。」畜（xù）：養育；培養；蓄息。《左傳・哀公二十六年》：「天下誰畜之。」德畜之，可以理解為「畜之以德」。③刑：通「形」，動詞，塑造，使成形。又通「型」。④器成之：「器」字通行本作「勢」，北大漢簡本作「埶」。徐志鈞《老子帛書校注》云：「器，時空中之器物，與不在時空中的道相對。《易・繫辭》：『形而上者謂之道，形而下者謂之器。』《老子・七十二》：『樸散則為器。』器乃人工所為，已脫離自然範疇。失自然之態愈甚，離道也愈遠。道生，德畜，物形，器成，遞降而下。」又云：「道生，德畜，物形，器成。所講四點：世界本源，萬物蕃育，自然之物，人工之器。層層遞降，語意井然。而『勢成之』的勢，就很難說通。」徐梵澄《老子臆解》：「『器』，通行本作『勢』。作『器』者是。甲、乙兩本同。全書中無言『勢』者。此帛書勝處。」器成之，可以理解為「成之器」，即使之成器，指道授萬物以器用，使天下萬物各得其所、各有其用。⑤尊：尊崇。又同「遵」。遵行，遵從。⑥肘：同「爵」。封給人爵位。《禮記・王制》：「任事然後爵之，位定然後祿之。」通行本作「命」。

⑦遂：養育；生長。《國語·齊語》：「犧牲不略，則牛羊遂。」韋昭注：「遂，長也。」《淮南子·修務》：「禾稼春生，人必加功焉，故五穀得遂長。」北大漢簡本作「逐」，通行本作「育」。⑧寺：通「持」。矜持。北大漢簡本作「持」，通行本作「恃」。作「恃」講時，亦有「持、矜持」之義。《呂氏春秋》：「士有孤而自恃，人主有奮而好獨者。」無論「持」還是「恃」，皆有自恃功勞而故作姿態、傲慢自大之義。有的版本將「持」解釋為控制、掌管，將「恃」解釋為依賴、追求回報。其說亦通，因自恃功高必然居功自傲，居功自傲必然試圖掌控對方以求回報。總之，都是有一種利己的私心在作用。⑨宰：主宰。《正字通》：「凡為事物之主者亦曰宰。」⑩玄德：深厚的德性。玄，深、厚。《楚辭》：「臨沅湘之玄淵兮，遂自忍而沉流。」又指隱秘的德行。《書·舜典》：「玄德昇聞，乃命以位。」⑪貴德：以德為貴。萬物以各自天賦自然的本性和規律為可貴。⑫亭之毒之：《康熙字典》：「亭毒，化育也。」註：「亭以品其形，毒以成其質。」「亭」有均停、調和、安定之意；「毒」有繁盛、熱烈之意，又通「育」。北大漢簡本作「亭之孰之」，河上公本作「成之熟之」。⑬復：通「覆」。覆蓋、遮護。《荀子·臣道》：「以德復君而化之，大忠也。」又有復還、回歸之意。⑭胃：通「謂」。說；叫作。

【譯文】大道的力量產生萬物，而用「德」來養育他們，賦予它們各自的本性和規律；物質元素塑造萬物，而使它們成型成器，使它們各得其所、各有其用。所以萬物都尊崇並遵循大道，而以大道賦予它們各自的稟性和規律為可貴。大道之所以受到尊崇和遵循，德性之所以最為貴重，並不是有人授予其爵位（或者被命令這樣做），而是本身永遠自然而然、自動自發地這樣做。大道產生萬物，賦予萬物蕃衍生息、生生不息的德性，使萬物順利地成長發育，使萬物得以成熟繁盛，使萬物得到保養和庇護。生成萬物而不據為己有，作育施為而不居功自大，成就萬物而不主宰掌控，這可謂是最深厚幽遠的品德。

十五（通行本第五十二章）

帛書甲本：

天下有始[①]，以爲天下母。既[②]得其母，以知其□復守其母，沒身不殆。塞其悶[③]，閉其門，終身不堇[④]。啓其悶，濟其事，終身□□□小曰□守柔曰強。用其光[⑤]，復歸其明，毋遺身央[⑥]，是胃襲常[⑦]。

帛書乙本：

天下有始，以爲天下母。既得其母，以知其子；既知其子，復守其母，沒身不佁[⑧]。塞其堄[⑨]，閉其門，冬[⑩]身不堇。啓其堄，齊[⑪]其□□□不棘[⑫]。見小曰明，守□□強。用□□□□□□□遺身央，是胃□常。

王弼注本（五十二章）：

天下有始，以爲天下母。既得其母，以知其子；既知其子，復守其母，沒身不殆。塞其兌[⑬]，閉其門，終身不勤。開[⑭]其兌，濟其事，終身不救。見小曰明，守柔曰強。用其光，復歸其明，無遺身殃，是爲習常。

河上公本（歸元第五十二）：

天下有始，以爲天下母。既知其母，復知其子；既知其子，復守其母，沒身不殆。塞其兑，閉其門，終身不勤。開其兑，濟其事，終身不救。見小曰明，守柔日強。用其光，復歸其明，無遺身殃，是謂習常。

【註釋】①始：起頭、最初。《說文》：「始，女之初也。」②既：通「既」。已經。③閱：通「兑」。《說文解字注》：「古假閱為穴。《詩》：『蜉蝣堀閱。』傳曰：堀閱，容閱也。閱即穴。宋玉賦：『空穴來風。』莊子作『空閱來風』。司馬彪云：門戶孔空，風善從之。《道德經》：『塞其兑，閉其門。』兑即閱之省。」高明《帛書老子校注》作「悶」，下半句作「悶」，不通，或為誤讀。黎荔《道德經註解》作「閲」。作「閲」者是。④堇：通「勤」，勤勞、憂苦。《說文》：「勤，勞也。」《揚子·法言》：「民有三勤。」註：「勤，苦也。」又通「僅」，少。《博雅》：「堇，少也。」「勤」又通「盡」，竭、完。《文子·上仁》：「力勤才盡，有旦無暮。」《淮南子·主術》：「力勤則匱。」⑤光：榮耀（側重於外在的）。《左傳·莊公二十二年》：「光，遠而自他有耀者也。」《國語·晉語》：「光，明之耀也。」⑥央：通「殃」。災禍。⑦胃：通「謂」。說；叫作。襲常：因襲、承傳恒常之道。襲，通行本作「習」。襲、習古通，因襲。《尚書正義》：「《表記》云『卜筮不相襲』。鄭云：『襲，因也。』然則『習』與『襲』同。重衣謂之襲，習是後因前，故為因也。」⑧佁：通「殆」。危險。帛書甲本、北大漢簡本、通行本均作「殆」。⑨垸：通「兑」。⑩冬：古同「終」。《說文》：「冬，四時盡也。從仌從夂。夂，古文終字。」段注：「冬之為言終也。」⑪齊（jì）：古同「濟」。成功；成熟：⑫棘：北大本作「來」，郭店楚簡本作「逨」，通行本均作「救」。《詩·小雅·大東》：「有捄棘匕。」捄，同「救」。一說，「棘匕」為吉禮所用之物，故以「棘」為「吉」。⑬兌：口。《易·說卦》：「兌為口。」《說文》：「兌，說也。」引申為耳目口鼻等凡有孔竅者皆可為兌。《莊子·德充符》：「通而不失於兌。」《淮南子·道應訓》：「太公曰塞民於兌。」高誘注：「兌，耳目鼻口也。」⑭開：本作「啟」。因避漢景帝劉啟諱，而改「啟」為「開」。

【譯文】天下萬事萬物都有一個初始的本源（大道），可以把這個本源看作萬物的母親。認識並掌握了作為萬物之母的大道，就能夠以此認識萬事萬物的特性和規律；（認識了萬事萬物的特性和規律）然後再回過頭來堅守作為萬物之母的大道，這樣終身都不會遇到危險。如果塞住耳目口鼻等引起欲望的孔竅，關閉向外馳求的門戶，那麼終身都不會因精神枯竭不足用而勤苦憂勞。如果開啟引發欲望的孔竅，忙忙碌碌以求世俗事業的成功，則終身都不能脫離險境。能夠見微知著叫作明智，保持柔弱謙卑叫作強大。由追求外在的榮耀，轉而回歸內在的明智（運用大道的光芒，來照見內心的智慧）；就不會給自己招來災禍，這可以說是承襲了大道的做法。

十六（通行本第五十三章）

帛書甲本：

使我摞[1]有知□□大道，唯□□□□□甚夷，民甚好解[2]。朝甚除[3]，田甚蕪，倉甚虛。服文采[4]，帶利□□□食□□□□□□□□□□□□□□□□

帛書乙本：

使我介[5]有知，行於大道，唯他[6]是畏。大道甚夷，民甚好僻[7]。朝甚除，田甚蕪，倉甚虛。服文采，帶利劍，猒[8]食而齎[9]財□□□□□和[10]，非□□□

王弼注本（五十三章）：

使我介然[11]有知，行於大道，唯施[12]是畏。大道甚夷，而民好徑。朝甚除，田甚蕪，倉甚虛；服文綵，帶利劍，厭飲食，財貨有餘。是爲盜夸[13]，非道也哉！

河上公本（益證第五十三）：

使我介然有知，行於大道。唯施是畏。大道甚夷，而民好徑。朝甚除，田甚蕪，倉甚虛，服文綵，帶利劍，厭飲食，財貨有餘。是謂盜夸，非道哉！

【註釋】①撆（qiè）：通「挈」，提舉、懸持。引申為掌握。嚴遵《道德指歸》：「負達抱通，提聰挈明」。帛書乙本、北大漢簡本作「介」，通行本作「介然」。②解：通「徑」。小路。解、徑古音相同，互假。③除：更易、變換。《說文解字注》：「除，殿陛也。殿謂宮殿。殿陛謂之除。因之凡去舊更新皆曰除。取拾級更易之義也。」此處指朝政頻繁變亂，政策朝令夕改。④文采：華美的衣服。采，同「彩」。⑤介：獨；特異。《廣雅》：「介，獨也。」⑥他（yí）：古同「佗」。此字北大漢簡本作「蛇」，通行本作「施」。與佗、蛇、施均通「迆」。斜行。《說文》：「迆，（邪）行也。」又作「迤」。⑦僻：古同「解」。⑧猒（yàn）：同「厭」。飽足。《說文》：「猒，飽也。」⑨齎：通「資」。《爾雅義疏》：「資者，齎之假音也。」財貨。⑩盜和：和，此字帛書甲本殘缺；帛書乙本僅存左半邊的「木」字偏旁，右半邊殘缺。徐志鈞《老子帛書校注》釋作「杅」。北大漢簡本作「盜竽」。通行本多作「夸」。《韓非子·解老篇》作「盜竽」，並解釋說：「大奸作則小盜隨，大奸唱則小盜和。竽也者，五聲之長者也，故竽先則鐘瑟皆隨，竽唱則諸樂皆和。今大奸作則俗之民唱，俗之民唱則小盜必和，故服文彩，帶利劍，厭飲食，而貨資有餘者，是之謂盜竽矣。」盜竽，猶盜魁。⑪介然：專一堅正貌。《荀子·修身》：「善在身，介然必以自好也。」一說「介」同「芥」，草芥，引申為微小。⑫施（yí）：通「迆」。逶迤斜行。《孟子·離婁下》：「蚤起，施從良人之所之，遍國中無與立談者。」趙岐注：「施者，邪施而行，不欲使良人覺也。」⑬盜夸：強盜頭子。夸，通「匏」（páo），本指一種植物，即葫蘆。古笙竽以匏為座，故此類樂器稱為「匏」，與金、石、土、革、絲、木、竹合稱為「八音」。陳奇猷《韓非子集釋》：「夸，即匏之省文。《爾雅·釋樂》疏云：『瓠，匏也，以匏為底，故八音謂笙為匏。』則笙亦得稱匏。《釋名·釋樂器》：『竹之貫匏，以瓠為之，故曰匏也，竽亦是也，其中汙空以受簧也』。《呂氏春秋·仲夏紀》高注：『竽，笙之大者。』據此，則匏、竽實為一物，但大小之分耳。故韓子作竽，老子作夸，取義正同。」

【譯文】假如唯獨我具有一定認知的話，我就一定走在大路上，唯恐誤入歧途。大路非常平坦，而人們卻偏偏很喜歡走邪僻小路。朝政非常紛亂，朝令夕改，田地非常荒蕪，倉庫非常空虛。卻穿著華美的衣服，佩帶著鋒利的寶劍，吃飽喝足，財貨多到用不完。這樣的人可以說是強盜頭子，他們的行為是違背大道的。

十七（通行本第五十四章）

帛書甲本：

善建□□拔□□□□□□子孫以祭祀□□□□□□□□□□□□□□□□□□□餘。修[1]之□□□□□□□□□□□□□□□□□□□□□□□以身□身，以家觀[2]家，以鄉觀鄉，以邦觀邦，以天□□□□□□□□□□□□□□□□□□

帛書乙本：

善建者□□□□□□□□子孫以祭祀不絕[3]。修之身，其德乃眞；修之家，其德有餘；修之鄉，其德乃長；修之國[4]，其德乃夆[5]；修之天下，其德乃博[6]。以身觀身，以家觀□□□□國，以天下觀天下□□□□天下之然茲[7]？以□

王弼注本（五十四章）：

善建者不拔，善抱者不脫[8]，子孫以祭祀不輟[9]。修之於身，其德乃眞；修之於家，其德乃餘；修之於鄉，其德乃長；修之於國，其德乃豐；修之於天下，其德乃普。故以身觀身，以家觀家，以鄉觀鄉，以國觀國，以天下觀天下。吾何以知天下然哉？以此。

河上公本（修觀第五十四）：

善建者不拔，善抱者不脫，子孫祭祀不輟。修之於身，其德乃眞；修之於家，其德乃餘；修之於鄉，其德乃長；修之於國，其德乃豐；修之於天下，其德乃普。故以身觀身，以家觀家，以鄉觀鄉，以國觀國，以天下觀天下。吾何以知天下之然哉？以此。

【註釋】①修：學習；遵循。《韓非子·五蠹》：「是以聖人不期修古，不法常可。」②觀：觀察；審視。《說文》：「觀，諦視也。」這裏之觀察審視其是否符合大道。③絕：斷。《廣雅》：「絕，斷也。」北大漢簡本亦作「絕」，通行本作「輟」。④國：帛書甲本此字殘缺。據帛書甲本「以邦觀邦」推測，此章中「國」字原皆應為「邦」。劉師培云：「國當作邦，蓋漢初重老子，因避高祖諱，故邦字咸改為國也。」此說可信。又傅奕本與《韓非子·解老》皆為「修之邦」，亦可證之。古時邦、國同義，指的是天子分封的諸侯國。《說文》：「邦，國也。」「國，邦也。」⑤夆：通「逢」。北大漢簡本作「逢」，通行本作「豐」。逢，通「豐」，壯大、茂盛。《書·洪範》：「身其康強，子孫其逢吉。」⑥愽：北大漢簡本作「薄」，通行本作「普」。博、薄、普，均通「溥」。廣大；普遍。《禮記·中庸》：「萬物並育而不相害，道並行而不相悖。」⑦茲：語氣詞，同「哉」。《詞詮》：「茲，語末助詞，與哉同。」⑧善建者不拔，善抱者不脫：葉玉麟《白話譯解老子道德經》云：「此建字，作栽樁意思，又如樹立之義；抱字，如牢固之義。善建者不拔二句，比方人若是樹立一件物質的東西，則拔之甚易；如用人力抱住一件事物，脫亦甚快。唯有道之人，樹立的是德性，抱守的是純一之道，無形中之建和抱卻是根深蒂固，永久不會拔脫。」此說甚確。⑨輟：中止、停止。

【譯文】善於建立德性的人，他所建之德永遠不會被拔除；善於抱持大道的人，他所抱之道永遠不會脫落。他的子孫也會繼承、賡續他的事業並紀念、祭祀他，不會斷絕。遵循大道來修身，所呈現出的德性狀態就是純真樸實；遵循大道來治家，呈現出的德性狀態就是充足有餘；遵循大道來居鄉，呈現出的德性狀態就是長久可持續發展；遵循大道來治國，呈現出的德性狀態就是豐厚盛大；遵循大道來治理天下，呈現出的德性狀態就是廣大普遍。所以，反推之，觀察一個人呈現出的德性狀態，就可以知道他是否遵循大道來修身處世；觀察一個家庭的德性狀態，就可以知道這個家庭是否遵循大道來生活；觀察一處鄉村的德性狀態，就可以知道這處鄉村是否遵循大道來治理；觀察一個邦國的德性狀態，就可以知道這個邦國是否遵循大道來治理；觀察天下的德性狀態，就可以知道天下是否遵循大道來治理。我是憑藉甚麼來知道天下的情況好壞呢？就是憑藉這一點（是否遵循大道）。

十八（通行本第五十五章）

帛書甲本：

□□之厚□比於赤子[①]。逢㾷蝦地弗螫[②]，擢[③]鳥猛獸弗搏。骨弱筋柔而握固，未知牝牡[④]□□□□□精□至也。終日號而不发[⑤]，和之至也。和曰常，知和曰明。益生[⑥]曰祥，心使氣曰強□□即老，胃[⑦]之不道，不道□□

帛書乙本：

含德之厚者，比於赤子。蠭癘虫蛇弗赫[⑧]，據鳥孟獸弗捕。骨筋弱柔而握固，未知牝牡之會而朘怒[⑨]，精之至也。冬[⑩]日號而不嚘，和□□□□□常，知常曰明。益生□祥，心使氣曰強。物□則老，胃之不道，不道蚤[⑪]已。

王弼注本（五十五章）：

含德之厚，比於赤子。蜂蠆虺蛇不螫，猛獸不據，攫鳥不搏。骨弱筋柔而握固。未知牝牡之合而全[⑫]作，精之至也。終日號而不嗄[⑬]，和之至也。知和曰常，知常曰明。益生曰祥，心使氣曰強。物壯則老，謂之不道，不道早已。

河上公本（玄符第五十五）：

含德之厚，比於赤子。毒蟲不螫，猛獸不據，玃鳥不搏。骨弱筋柔而握固。未知牝牡之合而峻[14]作，精之至也。終日號而不啞，和之至也。知和曰常，知常曰明。益生曰祥，心使氣曰強。物壯則老，謂之不道，不道早已。

【註釋】①赤子：指剛出生的嬰兒，因身體赤紅，故稱。赤子之身至柔且無知無欲、至純至真，以比喻無為之上德。張純一《老子通釋》：「蓋體合虛靈，精照無外，物無得而傷之者。」②逢㾢蜾地弗螫：各種毒蟲毒蛇不會叮咬他。逢，通「蠭」，即「蜂」，毒蜂。㾢（là），同「蝲」，蝲蝰，蟲名。蜾（wēi），《玉篇》「水蜾也」。地，假借為「蛇」。螫（shì），毒蟲或毒蛇咬刺。北大漢簡本作「蠭蠆虺蛇弗赫」。③擢：同「攫」。鳥獸用爪抓取獵物。④牝牡（pìn mǔ）：雌性和雄性。⑤发：為「憂」之簡筆，假借為「嚘」（yōu）。《玉篇》：「嚘，氣逆也。」此字帛書乙本作「嚘」，北大漢簡本作「幽」，郭店楚簡本作「惪」；王弼本作「嗄」，河上公本作「啞」。⑥益生：為了厚養生命而追求物質享受，是違反自然規律、透支生命的行為。《莊子・德充符》：「當因自然而不益生。」⑦胃：通「謂」。說；叫作。⑧蠭，同「蜂」。癘，同「癘」，假借為「蠆」（chài），蠍子一類的毒蟲。虫，同「蟲」，「蟲」為「虺」（huǐ）的本字。毒蛇名。赫，古音與「螫」同（《韻會》：赫，施只切，音釋），假借為「螫」。⑨朘（zuī）：小男孩的生殖器。《說文》：「朘，赤子陰也。」又同「屡」。怒：奮起、奮發，此處引申為勃起。⑩冬：古同「終」。《說文》：「冬，四時盡也。從仌從夂。夂，古文終字。」段注：「冬之為言終也。」⑪蚤：通「早」。⑫全：假借為「朘」。朘又讀作juān音。高明《帛書老子校注》云：「朘、全同音相假。」⑬嗄（shà）：嗓音嘶啞。⑭峻：同「朘」。見註釋⑨。

【譯文】懷有深厚德性的人，他表現出的狀態就好比嬰兒一樣。蜂、蠍、蛇等各種毒蟲不會叮咬他，兇猛的鳥獸也不會攻擊他。雖然筋骨柔弱，而小拳頭卻握得很緊；雖然不知道男女之事，而生殖器卻能勃起，這是因為他的精氣極其充足。雖然整天號哭，而不會氣逆，聲音也不會嘶啞，這是因為他的身心極其和諧平順。懂得保持身心和諧平順可以說是懂得了大道，懂得了大道可以說是明智。過度追求物質享受、透支生命是妖異反常的行為，會招致災禍；如果任性使氣，則身體氣機被欲望所支配，叫作逞強。事物強盛了就會走向衰老，追求達到強盛的狀態可以說是違背大道的，違背大道就會加速滅亡。

十九（通行本第五十六章）

帛書甲本：

□□弗言，言者弗知。塞其閲[①]，閉其□□其光，同其𡋯[②]；坐[③]其閲，解其紛。是胃[④]玄同[⑤]。故不可得而親，亦不可得而疏；不可得而利，亦不可得而害；不可□而貴，亦不可得而淺。故爲天下貴。

帛書乙本：

知者弗言，言者弗知。塞其堄[⑥]，閉其門；和其光，同其塵；銼[⑦]其兑[⑧]，而解其紛。是胃玄同。故不可得而親也，亦□□□而□□□□而利□□□得而害；不可得而貴，亦不可得而賤。故爲天下貴。

王弼注本（五十六章）：

知者不言，言者不知。塞其兑，閉其門；挫其鋭，解其分[⑨]；和其光，同其塵。是謂玄同。故不可得而親，不可得而疏；不可得而利，不可得而害；不可得而貴，不可得而賤。故爲天下貴。

河上公本（玄德第五十六）：

知者不言，言者不知。塞其兑，閉其門；挫其鋭，解其紛；

和其光，同其塵。是謂玄同。故不可得而親，亦不可得而踈[⑩]；不可得而利，亦不可得而害；不可得而貴，亦不可得而賤。故為天下貴。

【註釋】①閱：通「兌」。參見本書《十五（通行本第五十二章）》註釋③。②墊：同「塵」。③坐：通「挫」。摧折；使減小規模或降低程度。④胃：通「謂」。説；叫作。⑤玄同：與萬物混然同一的境界。《文子·道德》：「無所樂，無所苦，無所喜，無所怒，萬物玄同，無非無是。」徐靈府注：「憂樂不掛於心，喜怒不形於色，觸事即真，曰玄同者也。」⑥垸：通「兌」。見上。⑦銼：古同「挫」。⑧兑：通「銳」。尖銳，鋒利。⑨分：通「紛」。亂，雜。《管子·勢》：「分其師眾，人既迷芒，必其將亡，亡之道也。」⑩踈：古同「疏」。疏遠。

【譯文】懂得大道、有智慧的人，不會執著語言文字之相；而喜歡以言語施加於人、誇誇其談的人，不懂得大道，智慧不足。塞住引起欲望的孔竅，關閉向外馳求的門戶；調和自身的光芒，使其不過分耀眼；外在的行跡上混同於塵世，而不刻意標榜和突出自己；挫去自身的鋒芒，解除因觀點、立場不同而引起的紛爭。這就是一種微妙的與萬物混然同一的境界。因此，對於這樣的人，沒有辦法親近他，也沒有辦法疏遠他；沒有辦法利益他，也沒有辦法危害他；沒有辦法使他尊貴，也沒有辦法使他卑賤。所以他才是天下最尊貴的人。

二十（通行本第五十七章）

帛書甲本：

以正之[①]邦，以畸[②]用兵，以無事取天下。吾何□□□□也哉？夫天下□□□而民彌貧；民多利器，而邦家茲昏；人多知，而何物茲[③]□□□□□□盜賊□□□□□□□□□□我無爲也而民自化，我好靜而民自正，我無事民□□□□□□□□□□□

帛書乙本：

以正之國[④]，以畸用兵，以無事取天下。吾何以知其然也才[⑤]？夫天下多忌諱[⑥]，而民彌貧；民多利器□□□□昏□□□□□□□□□□物茲章[⑦]，而盜賊□□。是以□人之言曰：我無爲而民自化，我好靜而民自正，我無事而民自富，我欲不欲而民自樸。

王弼注本（五十七章）：

以正治國，以奇用兵，以無事取天下。吾何以知其然哉？以此。天下多忌諱，而民彌貧；民多利器，國家滋昏；人多伎巧，奇物滋起；法令滋彰，盜賊多有。故聖人云：我無爲而民自化，我好靜而民自正，我無事而民自富，我無欲而民自樸。

河上公本（淳風第五十七）：

以正治國，以奇用兵，以無事取天下。吾何以知其然哉？以此。天下多忌諱，而民彌貧；民多利器，國家滋昏；人多伎巧，奇物滋起；法物⑧滋彰，盜賊多有。故聖人云：我無爲而民自化，我好靜而民自正，我無事而民自富，我無欲而民自樸。

【註釋】①之：通「治」，同音假借。治理。②畸：通「奇」，指非常規之道，猶權詐手段。《孫子·勢篇》：「凡戰者，以正合，以奇勝。」用「奇」為用兵制勝的法寶。正與奇是道的陰陽二面，道有不易、變易、簡易三大特點，正道為不易，奇道為變易。治國要守之以正道，不可妄為而隨意變動；用兵要出之以奇道，不可墨守成規。③何：假借為「奇」。奇技淫巧。通行本作「奇」，北大漢簡本作「苛」。茲：假借為「滋」。更加，愈益。高明《帛書老子校注》：「『何』字假借為『奇』，『茲』字假借為『滋』。『何』為匣紐歌部字，『奇』屬見紐歌部，古為同音。『茲』與『滋』雙聲疊韻。」④國：帛書甲本作「邦」。或為避漢高祖劉邦諱而改「邦」為「國」。參見本書《十七（通行本第五十四章）》註釋④。⑤才：通「哉」。《集韻》：「才，將來切，與哉同。亦始也。」《爾雅·釋詁疏》：「哉，古文作才。」⑥忌諱：泛指不允許做的事、說的話，即各種禁令。這些忌諱、禁令往往都是人為的，是背道而馳的。天下多忌諱和禁令，則百姓的創造力被阻礙，社會活力下降，從而影響經濟社會發展，所以「民彌貧」。⑦章：通「彰」。彰明，明顯，顯著。⑧法物：本義指帝王用於儀仗、祭祀的器物或宗教禮器、樂器等器具。引申為法度、儀節。「物」字帛書甲本殘缺，帛書乙本、北大漢簡本亦作「物」，郭店楚簡本作「勿」；王弼注本作「令」。

【譯文】以正規的方法來治理國家，以非常規的權詐手段來用兵作戰，以自然無為的狀態來治理天下。我怎麼知道應該這樣做呢？天下的禁忌和限制越多，百姓就越貧窮；民間精良有效的器具越多，國家就越混亂；人們的智謀機巧越多，奇技淫巧的事物越會不斷出現；人為制定的法度禮儀越清楚明白，而盜賊越來越多。所以有道的君主這樣說：我不去人為干涉百姓生活，百姓就會自我化育發展；我喜好清靜，百姓會自我調整歸正；我不妄為生事，百姓自然富足；我沒有私欲，不貪圖名利，百姓自然歸於淳樸。

二十一（通行本第五十八章）

帛書甲本：

□□□□□□□□□其正[①]察察，其邦夬夬[②]。懸，福之所倚；福，懸之所伏[③]。□□□

帛書乙本：

其正闅闅[④]，其民屯屯[⑤]。其正察察，其□□□□□□□□□□□所伏。孰知其極□無正也，正□□□善復爲□□之悉[⑥]也，其日固久矣。是以方而不割，兼[⑦]而不刺，直而不紲[⑧]，光而不眺[⑨]。

王弼注本（五十八章）：

其政悶悶，其民淳淳；其政察察，其民缺缺。禍兮福之所倚，福兮禍之所伏。孰知其極？其無正。正復爲奇，善復爲妖。人之迷，其日固久。是以聖人方而不割，廉而不劌[⑩]，直而不肆，光而不燿。

河上公本（順化第五十八）：

其政悶悶，其民醇醇；其政察察，其民缺缺。禍兮福之所倚，福兮禍之所伏。孰知其極，其無正。正復爲奇，善復爲訞[11]。民之迷，其日固久。是以聖人方而不割，廉而不害，直而不肆，光而不曜。

【註釋】①正：通「政」。政治，政令。②夬夬：通「缺缺」，疏薄詐偽貌。《說文》：「缺，器破也。」一說通「狭狭（jué）」，狡獪。③𥁕，福之所倚；福，𥁕之所伏：𥁕，同「禍」。災禍啊，幸福就依存於其中；福祉啊，災禍就隱藏在其中。一個最經典的例子，就是《淮南子·人間訓》所記載「塞翁失馬」的故事。這是說要以辯證的眼光看待問題，禍福沒有一定，可以相互轉化。凡事均是有利有弊，沒有絕對的好事或者絕對的壞事。善處之，壞事可以轉化為好事；不善處之，好事也可轉化為壞事。進而言之，凡事發生皆有利於我，一切都是最好的安排。④闊闊：通「悶悶」。愚昧、渾噩貌。一作「閔閔」。⑤屯屯：忠謹誠懇貌。《玉篇》：「屯，厚也。」⑥迷：「悉」之異構。「悉」，同「迷」。《集韻》：「悉，心惑也。」⑦兼：假借為「廉」。棱角。引申為剛直、方正、有節操。⑧绁（xiè）：繩索。此處引申為束縛別人、治人之罪之義。通行本作「肆」。⑨眺：本意為目不正、斜視。王弼注本作「燿」，河上公本作「曜」，北大漢簡本作「燿」。⑩劌（guì）：刺傷。⑪訞：古同「妖」，怪異。

【譯文】君主如果為政模模糊糊、寬容渾厚，則其國家的百姓反而會忠厚淳樸；如果為政清楚真切、明察秋毫，則其國家的民風反而會變得澆薄虛偽、狡猾詭詐，國家就會陷入分裂的局面。正所謂，災禍啊，福祉就依存於其中；福祉啊，災禍就隱藏在其中。災禍和福祉會相互轉化，誰知道最終的結果是怎樣的呢？沒有永遠一成不變的事物。看似正確的行為，也許會產生反常的結果；看似在做好事，也許會招致糟糕的結果。人們為之迷惑不解，由來已久了。所以聖明的君主為人方正有原則，卻不會標榜自己、為難別人；有稜有角，卻不會突出自己、傷害別人；為人正直，卻不會用道德綁架別人、加罪於人；散發出人格的光芒，卻不會太刺眼而使人無法直視。

二十二（通行本第五十九章）

帛書甲本：

□□可以有國；有國之母，可以長久。是胃[①]深根固氐[②]□□□□□道也。

帛書乙本：

治人事天，莫若嗇[③]。夫唯嗇，是以蚤[④]服；蚤服是胃重積□重積□□□□□□□□□莫知其□莫知其□□□有國；有國之母，可□□□是胃□根固氐、長生久視[⑤]之道也。

王弼注本（五十九章）：

治人事天，莫若嗇。夫唯嗇，是謂早服；早服，謂之重積德；重積德，則無不克；無不克，則莫知其極；莫知其極，可以有國；有國之母，可以長久。是謂深根固柢、長生久視之道。

河上公本（守道第五十九）：

治人事天，莫若嗇。夫惟嗇，是謂早服；早服，謂之重積德；重積德，則無不剋；無不剋，則莫知其極；莫知其極，可以有國；有國之母，可以長久。是謂深根固蔕[⑥]、長生久視之道。

【註釋】①冒：通「謂」。說；叫作。②深根固氐：氐，根本、基礎。後作「柢」。《玉篇》：「氐，本也。」向四周伸展的叫根，往下扎的叫柢。比喻根扎得深、基礎打得穩。③嗇（sè）：本意為收穀入倉。引申為節儉、愛惜。《說文》：「嗇，愛濇也。」《通訓定聲》：「（嗇）此字本訓當為收穀，即穡之古文也。轉注為愛濇之義，或借為濇。」嗇，又通「穡」，指收割穀物，泛指耕種等各種農事。耕種必須順應四季自然而為，故又有順應自然之義在其中。④蚤：通「早」。⑤長生久視：生，古代君王之位父死子繼謂之生，《春秋公羊傳解詁》何休注「父死子繼曰生，兄終弟繼曰及」；長久地一代代保有君位則稱為長生。視，是周朝諸侯朝見天子的賓禮之一，諸侯定期拜見天子分為「朝、覲、宗、遇」，不定期的則分為「會、同、問、視」；諸侯長久地保有統治權稱為久視。長生久視，指政權穩固、國家長存。後引申指生命長壽。⑥深根固蒂：同「深根固柢」。使根基深固而不可動搖。蒂，花葉瓜果跟枝莖相連的部分。

【譯文】修養身心、處理人事、對待自然，最好的做法莫過於節儉財用、愛惜精神、順應自然。因為只有節儉財用、愛惜精神、順應自然，才是早早順服於大道所表現出來的狀態。早早地順服於大道，就是不斷地厚植涵養自己的德性；不斷地厚植涵養德性，就沒有甚麼是不能克服的；沒有甚麼不能克服，也就沒有人能知道他究竟有多大力量；有了無窮無盡的力量，就可以治理國家；掌握了治理國家的根本，國家就可以長治久安。這就是國家政權基礎穩固、得以長久保有祿位的正確途徑。

二十三（通行本第六十章）

帛書甲本：

□□□□□□□□□□天下，其鬼[①]不神[②]，非其鬼不神也；其神[③]不傷人也，非其申[④]不傷人也，聖人亦弗傷□□□不相□□德交歸焉。

帛書乙本：

治大國，若亨[⑤]小鮮。以道立[⑥]天下，其鬼不神，非其鬼不神也；其神不傷人也，非其神不傷人也□□□弗傷也。夫兩□相傷，故德交歸焉。

王弼注本（六十章）：

治大國，若烹小鮮。以道蒞天下，其鬼不神，非其鬼不神；其神不傷人，非其神不傷人，聖人亦不傷人。夫兩不相傷，故德交歸焉。

河上公本（居位第六十）：

治大國者，若烹小鮮。以道蒞天下，其鬼不神，非其鬼不神；其神不傷人，非其神不傷人，聖人亦不傷人。夫兩不相傷，故德交歸焉。

【註釋】①鬼：本義指人死後歸入陰間的魂魄，鬼在陰間故屬性為陰。《說文》：「人所歸為鬼。」古人認為陰陽失衡陰氣過重時鬼才會出現，而以道治理天下則陰陽平衡、萬物歸和，鬼自然就不起作用了。②神：此處作動詞，靈驗。③神：傳說中的天神，即天地萬物的創造者或主宰者。泛指神靈。神在天上故屬性為陽。古人認為神靈負責監察人的善惡並給予懲戒，以道治理天下萬物歸和，百姓淳樸善良，非但不只是鬼不起作用了，神靈自然也不用懲戒傷人了。《說文》：「神，天神引出萬物者也。」錢鍾書《管錐編》：「後世仰『天』彌高，賤『鬼』貴『神』；初民原齊物等觀。古籍以『鬼』『神』『鬼神』『天』渾用而無區別，猶遺風未泯，委蛻尚留者乎？不啻示後人以樸矣。」④申：通「神」。⑤亨：「烹」的本字。煮。《廣韻·平聲·庚韻》：「亨，煮也。俗作『烹』。」《周禮·天官·內饔》：「割亨煎和之事。」⑥立：立足，立身。又通「蒞」，臨、到。

【譯文】治理大的國家就像烹煮小魚小蝦一樣，不要經常翻動、反復折騰。聖明的君王以大道治理天下、帶領百姓，鬼怪都不會顯靈作祟；並不是鬼怪失去了能力，（而是因為在大道的治理下，陰陽平衡，萬物歸和，鬼自然就不起作用了。）神靈也不需要懲戒傷人了；並不是神靈失去了懲戒傷人的能力，而是因為聖人以道治理天下，萬物歸和，百姓淳樸善良，神靈自然也不需要懲戒傷人了；非但神靈不需要懲戒傷人，聖明的君王也無須以刑罰治罪傷人。鬼神、君王都不會傷害百姓，所以（在大道的作用之下）鬼神、君王和百姓之間融為一體，和諧共處。

二十四（通行本第六十一章）

帛書甲本：

大邦者，下流也，天下之牝[1]。天下之郊[2]也，牝恒以靚[3]勝牡，爲其靚□□宜爲下。大邦□下小□則取小邦；小邦以下大邦，則取於大邦。故或下以取，或下而取□大邦者，不過欲兼畜[4]人；小邦者，不過欲入事人。夫皆得其欲□□□爲下。

帛書乙本：

大國□□□□□□□牝也。天下之交也，牝恒以靜朕牡，爲其靜也，故宜爲下也。故大國以下□國，則取小國；小國以下大國，則取於大國。故或下□□□下而取。故大國者，不□欲並畜人；小國，不過欲入事人。夫□□其欲，則大者宜爲下。

王弼注本（六十一章）：

大國者下流，天下之交，天下之牝。牝常以靜勝牡，以靜爲下。故大國以下小國，則取小國；小國以下大國，則取大國。故或下以取，或下而取。大國不過欲兼畜人，小國不過欲入事人。夫兩者各得其所欲，大者宜爲下。

河上公本（謙德第六十一）：

大國者下流，天下之交，天下之牝。牝常以靜勝牡，以靜爲下。故大國以下小國，則取小國；小國以下大國，則取大國。故或下以取，或下而取。大國不過欲兼畜人，小國不過欲入事人。夫兩者各得其所欲，大者宜爲下。

【註釋】①牝：本義指雌性的鳥獸，與「牡」相對。《說文》：「牝，畜母也。」比喻畜養萬物的母性。此處指大國謙卑處下畜養萬邦，是為天下之母。②郊：通「交」。雌雄兩性的交合。此處比喻天下各國之間的交流交往。③靚：通「靜」。幽靜，安靜。④兼畜：猶兼併，併吞。

【譯文】大國，應該像大海一樣，處於江河的下游，（成為天下萬國傾心歸向的地方。）還應該像雌性的動物一樣，成為天下之母，蓄養萬國。天下萬國之間交往，好比雌雄兩性交合一樣，雌性通常以安靜柔和來使雄性順服，因為安靜，所以適合處在下位。所以大國以謙下的態度對待小國，就能取得小國的擁戴；小國以謙下的態度對待大國，就能取得大國的庇護。因此有的國家是以謙卑處下來取得別國的擁戴，有的國家是以謙卑處下來取得別國的庇護。對於大國來說，不過是想要兼併小國；而對於小國來說，不過是想要通過事奉大國來求得接納和庇護。如果大國、小國都能夠做到謙卑處下，那麼雙方都能滿足各自的需求，而大國更應該謙卑處下。

二十五（通行本第六十二章）

帛書甲本：

□者，萬物之注[1]也，善人之琛[2]也，不善人之所琛[3]也。美言可以市[4]，尊行可以賀[5]人。人之不善也，何□□有！故立天子，置三卿[6]，雖有共之璧[7]以先四馬[8]，不善[9]坐而進此。古之所以貴此者何也？不胃[10]□□得，有罪以免輿[11]？故爲天下貴。

帛書乙本：

道者，萬物之注也，善人之琛也，不善人之所保也。美言可以市，尊行可以賀人。人之不善，何□□□□立天子，置三鄉[12]，雖有□□璧以先四馬，不若坐而進此。古□□□□□□□□□不胃求以得，有罪以免與[13]！故爲天下貴。

王弼注本（六十二章）：

道者，萬物之奧[14]，善人之寶，不善人之所保。美言可以市尊，美行可以加人。人之不善，何棄之有！故立天子，置三公[15]，雖有拱璧以先駟馬[16]，不如坐進此道。古之所以貴此道者何？不曰以求得，有罪以免邪[17]？故爲天下貴。

河上公本(為道第六十二):

道者,萬物之奥,善人之寶,不善人之所保。美言可以市,尊行可以加人。人之不善,何棄之有!故立天子,置三公,雖有拱璧以先駟馬,不如坐進此道。古之所以貴此道者何?不日以求得,有罪以免耶?故爲天下貴。

【註釋】①注:聚集、集中。引申為歸向、歸屬。有的版本將此字解釋為通「主」,意為主宰。這種解釋似乎與道家理念不合,道家崇尚自然無為,並不主張主宰、控制。通行本此字作「奥」,亦有聚集之義。其意恰好相通。②[illegible]npm:同「寶」。「寶」的通假字,又作「保」,古多假借為「葆」。《說文》徐鍇《繫傳》:「寶,人所保也。」③[illegible]npm:此處通「保」。④市:交易,商品買賣。⑤賀:通「加」。《說文解字注》:「賀之言加也,猶贈之言增也。」通行本作「加」。⑥三卿:卿,古代天子及諸侯國所屬高官的稱呼。春秋時以司徒、司馬、司空為三卿。《禮記·王制》:「大國三卿,皆命於天子。」孔穎達正義:「崔氏云:『三卿者,依周制而言,謂立司徒,兼冢宰之事;立司馬,兼宗伯之事;立司空,兼司寇之事。』」⑦共之璧:即拱璧,可以用手捧著的大璧,泛指珍貴的物品。共,古同「拱」,為「拱」的本字。《論語·為政》:「居其所而眾星共之。」鄭注:「共,拱手也。」⑧四馬:四,通「駟」。駟馬,駕一車之四馬。指顯貴者所乘的駕四匹馬的高車。表示地位顯赫。⑨善:假借為「若」。「善」「若」形近相假。帛書乙本作「若」,北大漢簡本、通行本均作「如」。⑩胃:通「謂」。說;叫作。⑪輿:通「歟」。句末語氣助詞,表示疑問、感嘆、反詰等。⑫鄉:通「卿」。⑬與:通「歟」。句末語氣助詞,表示疑問、感嘆、反詰等。⑭奧：積聚。《周語》：「野無奧草。」⑮三公：古代中央三種最高官銜的合稱。周朝以太師、太傅、太保為三公。《書·周官》：「立太師、太傅、太保，茲惟三公，論道經邦，燮理陰陽。」一說以司馬、司徒、司空為三公。⑯拱璧以先駟馬：古代獻禮的儀式，以輕物在先，重物在後，即捧著大的玉璧在先，馬車拉著重物在後。⑰邪：同「耶」，疑問詞。

【譯文】大道，是萬物共同的歸屬，是有德的善人視若珍寶的東西，也是不善的人得以拯救自己的保障。美好的言語，有助於促成交易；高尚的行為，可以影響別人。即使有的人不善良，又怎能拋棄他呢！所以在擁立天子、設置三公百官時，即使用拱璧在先、駟馬隨後這樣隆重的禮儀，也不如安坐下來向天子進言大道。自古以來人們之所以如此重視大道的原因是甚麼呢？不就是因為遵循大道就可以有求必應，即使有了過錯，也有機會被寬赦（從而得以保全自身）嗎？所以大道才被天下人如此推重。

二十六（通行本第六十三章）

帛書甲本：

爲無爲，事無事，味無未[①]。大小，多少，報怨以德。圖難乎□□□□□□□□□□天下之難作於易，天下之大作於細。是以聖人冬[②]不爲大，故能□□□□□□□□□□□□必多難。是□□人猶難之，故終於無難。

帛書乙本：

爲無爲□□□□□□□□□□□□□□□□□□□□□□□乎其細也。天下之□□□易，天下之大□□□□□□□□□□□□□□□□□□□夫輕若□□信，多易必多難，是以耶[③]人□□之，故□□□□

王弼注本（六十三章）：

爲無爲，事無事，味無味。大小，多少，報怨以德。圖難於其易，爲大於其細。天下難事必作於易，天下大事必作於細。是以聖人終不爲大，故能成其大。夫輕諾必寡信，多易必多難。是以聖人猶難之，故終無難矣。

河上公本（恩始第六十三）：

爲無爲，事無事，味無味。大小，多少，報怨以德。圖難於其易，爲大於其細。天下難事必作於易，天下大事必作於細。是以聖人終不爲大，故能成其大。夫輕諾必寡信，多易必多難。是以聖人猶難④之，故終無難。

【註釋】①未：同「味」，是「味」的本字。《說文》：「未，味也。六月滋味也。五行，木老於未，象木重枝葉也。」②冬：古同「終」。《說文》：「冬，四時盡也。從仌從夂。夂，古文終字。」段注：「冬之為言終也。」③耶：同「聖」。④猶：一種野獸的名稱，其性警覺。形容對事情謹慎小心、躊躇疑懼的態度。難：此處作動詞，感到困難、考慮到事情的困難。這裏的「難」不是讓人有畏難情緒，而是以積極的心態面對困難，以嚴肅慎重的態度解決困難。

【譯文】以自然無為、不著痕跡的態度來作為，以不生事、不多事、不折騰的態度來做事，以恬淡無味的態度來品嘗滋味。把小的事物當作大的來看待，把少的事物當作多的來看待，用深厚的德性來化解怨恨。應對困難的事情，要從容易的地方著手；成就大的功業，要從小事做起。天下的難事，一定要從容易的地方做起；天下的大事，一定要從細微的地方做起。因此，聖人從來不以偉大自居，不好大喜功，不說假大空的話，而是腳踏實地從小事做起，所以最終才能成就大事。輕易許下承諾，必定缺少信用；如果抱著急功近利、投機取巧的心態，想要輕易取得成果，反而將來會遭遇更多的困難。因此聖人總是以謹慎小心、戒慎恐懼的態度來做事，並充分考慮到事情的難度，做好應對的萬全準備，同時以積極的心態來面對，這樣才始終不會遇到困難。

二十七（通行本第六十四章）

帛書甲本：

其安也，易持也□□□□□□□□□□□□□□□□□□□□□□□□□□□□□毫末。九成之臺，作於羸土[1]。百仁[2]之高，台[3]於足□□□□□□□□□□□□□□□□□也□無敗□無執也，故無失也。民之從事也，恒於其成事而敗之。故慎終若始，則□□□□□□□□欲不欲，而不貴難得之腨[4]；學不學，而復衆人之所過；能輔萬物之自□□弗敢爲。

帛書乙本：

□□木，生於毫末。九成之臺，作於虆土。百千之高，始於足下。爲之者敗之，執者失之。是以耶[5]人無爲□□□□□□□□□□□□民之從事也，恒於其成而敗之，故曰：愼冬[6]若始，則無敗事矣。是以耶人欲不欲，而不貴難得之貨；學不學，復衆人之所過；能輔萬物之自然，而弗敢爲。

王弼注本（六十四章）：

其安易持，其未兆易謀，其脆易泮[⑦]，其微易散。爲之於未有，治之於未亂。合抱之木，生於毫末；九層之臺，起於累土；千里之行，始於足下。爲者敗之，執者失之。聖人無爲，故無敗；無執，故無失。民之從事，常於幾成而敗之。愼終如始，則無敗事。是以聖人欲不欲，不貴難得之貨；學不學，復衆人之所過；以輔萬物之自然，而不敢爲。

河上公本（守微第六十四）：

其安易持，其未兆易謀，其脆易破，其微易散。爲之於未有，治之於未亂。合抱之木，生於毫末；九層之臺，起於累土；千里之行，始於足下。爲者敗之，執者失之。是以聖人無爲，故無敗；無執，故無失。民之從事，常於幾成而敗之。愼終如始，則無敗事。是以聖人欲不欲，不貴難得之貨；學不學，復衆人之所過；以輔萬物之自然，而不敢爲。

【註釋】①九成之臺，作於羸土：九成，猶九重，言極高。《呂氏春秋·音初》：「為之九成之臺。」高誘注：「成，猶重。」羸（léi）：通「虆」。古人用來盛土的一種竹器，底深而有蓋。《說文解字注》：「（羸）又假借為虆字。《易》羸其角、羸其瓶，或作虆，或作虆，其意一也。」九重的高臺，是由一筐一筐的土堆積而成的。比喻量變達到質變的哲學原理。做事情應當遵循客觀規律，循序漸進，厚積薄發，而不要投機取巧。《易·繫辭下》：「善不積不足以成名，惡不積不足以滅身。」《荀子·勸學》：「不積跬步，無以至千里；不積小流，無以成江海。」

《格言聯璧》：「日日行，不怕千萬里；常常做，不怕千萬事。」②仁：通「仞」。古代中國長度單位。周制八尺，漢制七尺為一仞。③台：假借為「始」。④賜：假借為「貨」。財物。⑤耶：同「聖」。⑥古同「終」。《說文》：「冬，四時盡也。從仌從夂。夂，古文終字。」段注：「冬之為言終也。」⑦泮：通「判」，分離。北大漢簡本作「判」，郭店楚簡本作「畔」，河上公本作「破」。

【譯文】局面穩定時，容易把控；事情在還沒有出現徵兆時，容易謀劃；事物脆弱時，容易破裂；事物微小時，容易消散。在事情還沒有發生時就積極作為、做好準備，在局勢還未混亂時就注意治理。合抱粗的大樹，是由細小如毫毛的萌芽生長而成的；九重的高臺，是由一筐一筐的土堆積而成的；攀登百仞的高山，（千里遠的路程）是從腳下開始的。不尊重自然規律，刻意而為，就會招致失敗；對事物越想控制，越容易失去。所以聖人順勢而為，不強為、妄為，因此就不會失敗；不用力控制，因此不容易失去。人們做事，往往在將要成功的時候失敗了。所以如果在事情即將完成的階段依然像開始那樣謹慎小心，也就不會把事情辦壞了。所以聖人想要得到的東西，是一般人不想要的，而不會把難得的財寶看得很重；聖人想要學習的東西，是一般人不願意學的，而以此彌補大多數人所犯的過失；聖人能夠順應萬物的自然天性去成全它們，而不敢肆意妄為。

二十八（通行本第六十五章）

帛書甲本：

故曰：爲道者，非以明[①]民也，將以愚[②]之也。民之難□□□□知也。故以知知邦[③]，邦之賊[④]也；以不知知邦□□德也。恒知此兩者，亦稽式[⑤]也。恒知稽式，此胃[⑥]玄德。玄德深矣，遠矣，與物□矣，乃至大順[⑦]。

帛書乙本：

古之爲道者，非以明□□□□□之也。夫民之難治也，以其知也。故以知知國，國之賊也；以不知知國，國之德也。恒知此兩者，亦稽式也。恒知稽式，是胃玄德。玄德深矣，遠矣□物反[⑧]矣，乃至大順。

王弼注本（六十五章）：

古之善爲道者，非以明民，將以愚之。民之難治，以其智多。故以智治國，國之賊；不以智治國，國之福。知此兩者，亦稽式。常知稽式，是謂玄德。玄德深矣，遠矣，與物反矣，然後乃至大順。

河上公本（淳德第六十五）：

古之善爲道者，非以明民，將以愚之。民之難治，以其智多。以智治國，國之賊；不以智治國，國之福。知此兩者，亦楷式。常知楷式[⑨]，是謂玄德。玄德深矣，遠矣，與物反矣，然後乃至於大順。

【註釋】①明：聰明。此處作動詞，使聰明。②愚：敦厚。《孔子家語》：「故《詩》之失愚，《書》之失誣。」王肅注：「愚，敦厚。」此處作動詞，使敦厚。③以知知邦：用聰明智巧之術治理國家。第一個「知」，通「智」，智巧、智術。第二個「知」，通「治」，治理。下句同。④賊：害、傷害。先秦兩漢時期，賊特指作亂叛國危害人民的人。《史記·商君列傳》：「商君，秦之賊。秦強而賊入魏，弗歸，不可。」⑤稽式：治國的準則、法式。稽，治理。《書·梓材》：「若稽田，既勤敷菑。」蔡沈集傳：「稽，治也。」一說，「稽」為「楷」之借字。北大漢簡本、河上公本作「楷式」。⑥胃：通「謂」。說；叫作。⑦大順：大，規模大而程度深；順，即事物得到適合自己發展的方式。《史記·太史公自序》：「夫春生夏長，秋收冬藏，此天道之大經也，弗順則無以為天下綱紀。故曰，四時之大順，不可失也。」⑧反：同「返」。⑨楷式：法則，典範。

【譯文】所以說：自古以來以大道來治國的君主，並不是要讓百姓變得更加聰明智巧，而是讓他們保持敦厚樸實的狀態。民眾之所以難以治理，是因為他們的智巧太多。所以用智巧之術治國的人，會對國家帶來危害，可以說是國家的亂臣賊子；不用智巧來治國，則是對國家的恩澤，是人民的福氣。如果能夠一直認識到這兩點，就是懂得治國的法則；能夠一直掌握治國的法則，就可以說是具備了最高的德行，也就是「玄德」。「玄德」深不可測、幽遠長久，偕同萬物返本歸源、返璞歸真，具備「玄德」之後，就可以輔助和引導天下萬物各得其所，各自順其天性最大程度地順利成長發展。

二十九（通行本第六十六章）

帛書甲本：

□海所以能爲百浴王[①]者，以其善下之，是以能爲百浴王。是以聖人之欲上民[②]也，必以其言下之；其欲先□□必以其身後之。故居前而民弗害也，居上而民弗重也。天下樂隼[③]而弗猒[④]也。非以其無靜與[⑤]□□□□□□靜。

帛書乙本：

江海之所以能爲百浴□□□其□下之也，是以能爲百浴王。是以耶[⑥]人之欲上民也，必以其言下之；其欲先民也，必以其身後之。故居上而民弗重也，居前而民弗害。天下皆樂誰[⑦]而弗猒也。不以其無爭與？故□下莫能與爭。

王弼注本（六十六章）：

江海所以能爲百谷王者，以其善下之，故能爲百谷王。是以欲上民，必以言下之；欲先民，必以身後之。是以聖人處上而民不重，處前而民不害，是以天下樂推而不厭。以其不爭，故天下莫能與之爭。

河上公本（後己第六十六）：

江海所以能爲百谷王者，以善下之，故能爲百谷王。是以聖人欲上民，必以言下之；欲先民，必以身後之。是以聖人處上而民不重，處前而民不害，是以天下樂推而不厭。以其不爭，故天下莫能與之爭。

【註釋】①百浴王：浴，通「谷」。《說文·水部》朱駿聲《通訓定聲》：「浴，假借為谷。」百浴，即百谷，指眾溪、百川。百浴王，即百谷王，比喻大江大海滙納百川，眾溪歸之。②上民：居民之上。即成為百姓的領導者。③隼：假借為「推」。形近相假。④猒：同「厭」。滿足；憎惡。⑤靜：通「爭」。與：通「歟」。句末語氣詞。⑥耶：同「聖」。⑦誰：通「推」。推舉，擁戴。《釋名疏正補》卷四：「誰，推也。有推釋言不能一也。葉德炯曰，《左昭十三年傳》，請待於郊以聽國人。《楚世家》注引服虔云，聽國人欲為誰。此『誰』字正作推訓，言聽國人之推擇也。」

【譯文】大江大海之所以能成為百川的統領，是因為其善於處在百川的下游，所以能夠成為百川匯流聚集的地方。所以聖人想要真正成為百姓的領導者，使人民聽從，必須要用謙遜的言辭對待百姓；想要得到百姓的擁戴，必須把個人的利益置於百姓的利益之後。因此，聖人居於百姓之上，百姓不會感到有壓力；居於百姓之前，百姓不會感到有妨礙；天下的人都樂於擁戴推舉他，而不會感到厭惡。不正是因為他不與人爭嗎？所以天下也沒有人能夠與他相爭。

三十（通行本第八十章）

帛書甲本：

小邦寡[1]民。使十百人之器毋用，使民重死而遠徙[2]。有車周[3]，無所乘之；有甲兵，無所陳□□□□□□□用之。甘其食，美其服，樂其俗，安其居。𨾊[4]邦相塱[5]，雞狗之聲相聞，民至□□□□□□

帛書乙本：

小國寡民。使有十百人器而勿用，使民重死而遠徙。又[6]周車，無所乘之；有甲兵，無所陳之；使民復結繩[7]而用之。甘其食，美其服，樂其俗，安其居。哭[8]國相望，雞犬之□□聞，民至老死不相往來。

王弼注本（八十章）：

小國寡民。使有什伯[9]之器而不用，使民重死而不遠徙。雖有舟輿，無所乘之；雖有甲兵，無所陳之；使人復結繩而用之。甘其食，美其服，安其居，樂其俗。鄰國相望，雞犬之聲相聞，民至老死不相往來。

河上公本（獨立第八十）：

小國寡民。使有什伯人之器而不用，使民重死而不遠徙。雖有舟輿，無所乘之；雖有甲兵，無所陳之；使民復結繩而用之。甘其食，美其服，安其居，樂其俗。鄰國相望，雞犬之聲相聞，民至老死不相往來。

【註釋】①㝈：同「寡」。少。這裏作動詞，使……少。②遠徙：「遠」與「重」對言，作動詞用。猶言疏於遷徙而避免移民，即安土重遷之意。通行本作「不遠徙」。③周：古又作「舟」。通「舟」。④㷠：通「鄰」。⑤朢：同「望」。⑥又：通「有」。⑦結繩：文字產生之前古人用來記數記事和傳遞信息的方法。⑧哭：古同「鄰」。⑨什伯：古代兵制，十人為什，百人為伯。因以「什伯」泛指軍隊基層隊伍。又謂超過十倍、百倍。

【譯文】國家要小，人口要少。即使有十倍百倍功效於人力的器具，也不去使用，要讓百姓重視生命而不輕易遷徙到遠方。雖然有船隻和車輛，也沒有必要乘坐；雖然有武器裝備，也沒有必要使用；讓民眾回歸到結繩記事時期的自然淳樸狀態。讓民眾吃甚麼樣的食物都感覺很美味，穿甚麼樣的衣服都感覺很華美舒適，在甚麼地方都能快樂隨俗，住在哪裏都感覺安寧祥和。鄰國之間互相看得見，雞鳴狗吠之聲互相聽得到，但兩國的百姓直到終老，也不相互往來。

三十一（通行本第八十一章）

帛書甲本：

□□□□□□不□□者不博□者不知[1]。善□□□□者不善。聖人無積□以爲□□□□□□□□□□□□□□□□□□□□□□□□□□□□□

帛書乙本：

信言不美，美言不信。知者不博，博者不知。善者不多，多者不善[2]。耶[3]人無積，既[4]以爲人，己俞[5]有；既以予人矣，己俞多。故天之道，利而不害[6]；人之道，爲而弗爭。

王弼注本（八十一章）：

信言不美，美言不信。善者不辯，辯者不善。知者不博，博者不知。聖人不積，既以爲人，己愈有；既以與人，己愈多。天之道，利而不害；聖人之道，爲而不爭。

河上公本（顯質第八十一）：

信言不美，美言不信。善者不辯，辯者不善。知者不博，博者不知。聖人不積，既以爲人，己愈有；既以與人，己愈多。天之道，利而不害；聖人之道，爲而不爭。

【註釋】①知：通「智」。明智，有智慧。②善者不多，多者不善：多，求多、貪多；過度、過分。指名利而言。有道的善人不會過多貪圖名利，多貪圖名利的人不是有道之人。通行本作「善者不辯，辯者不善」。③耶：同「聖」。④既：盡、全部。《左傳·僖公二十二年》：「及其未既濟也。」⑤俞：通「愈」。更加。⑥害：損害、傷害。一說通「轄」，轄制、控制。

【譯文】真實可靠的言語，往往並不華麗動聽；華麗動聽的言語，往往並不真實。真正有智慧的人，不會認為自己很博學；自認為博學、見多識廣的人，並不是真正有智慧。有道的善人，不會過多追求名利等身外之物；貪圖名利的人，不是有道之人。有道的聖人不會積累財貨名利，而是全部用來幫助和成就他人，這樣反而使自己擁有的更多；全部用來給予別人，這樣反而使自己得到的更多。所以宇宙自然的運行規律，就是利養萬物而從不損害（轄制）它們；聖人的原則，就是成全別人而不與人相爭。

三十二（通行本第六十七章）

帛書甲本：

□□□□□□□□□□□夫唯□故不宵[1]；若宵，細久矣。我恒有三葆[2]，之：一曰茲[3]，二曰檢[4]□□□□□□□□□□□□□□□故能廣；不敢爲天下先，故能爲成事長[5]。今舍其茲，且勇；舍其後，且先，則必死矣。夫茲□□則勝，以守則固。天將建[6]之，女以茲垣之[7]。

帛書乙本：

天下□胃[8]我大，大而不宵。夫唯不宵，故能大；若宵，久矣其細也。夫我恒有三琛[9]，市[10]而琛之：一曰茲，二曰檢，三曰不敢爲天下先。夫茲，故能勇；檢，敢能廣；不敢爲天下先，故能爲成器長[11]。今舍其茲，且勇；舍其檢，且廣；舍其後，且先，則死矣。夫茲，以單則朕[12]，以守則固。天將建之，如以茲垣之。

王弼注本（六十七章）：

天下皆謂我道大，似不肖。夫唯大，故似不肖；若肖，久矣其細也夫[13]！我有三寶，持而保之：一曰慈，二曰儉，三曰不敢爲天下先。慈，故能勇；儉，故能廣；不敢爲天下先，故能成器長。

今舍慈且勇，舍儉且廣，舍後且先，死矣！夫慈，以戰則勝，以守則固。天將救之，以慈衞之。

河上公本（三寶第六十七）：

天下皆謂我大，似不肖。夫唯大，故似不肖；若肖，久矣其細夫！我有三寶，持而保之：一曰慈，二曰儉，三曰不敢為天下先。慈，故能勇；儉，故能廣；不敢為天下先，故能成器長。今舍慈且勇，舍儉且廣，舍後且先，死矣！夫慈，以戰則勝，以守則固。天將救之，以慈衞之。

【註釋】①宵：通「肖」。相似、相像。《通訓定聲》：「宵，假借為肖。」另，又通「小」，細小之義。②葆：通「寶」。值得珍貴的事物。③茲：通「慈」。慈愛。雲夢秦簡《為吏之道》：「茲下勿陵，敬上勿犯。」《說文》：「慈，愛也。」《精薀》：「父母之愛子也。」慈，本意為父母對子女的愛。這種愛是無私無我無差別的愛。有了這種愛，也就有了源源不斷的勇氣。我們通常說「女子本弱，為母則剛」，原本很柔弱的女人，當她有了孩子以後，出於母愛天性，可以自強勇敢地應對諸多複雜困難。真正的勇氣源於慈愛，慈愛則與萬物同體，無我無分別而視人如己，故而能像對待自己一樣勇於濟度，所以「慈故能勇」。④檢：收斂、收束，言行、用度有節制、不放縱。即不過、堅守中庸之道的意思。《書·伊訓》：「檢身若不及。」《正義》：「檢，謂自攝斂也。」通行本作「儉」，北大漢簡本作「斂」。儉則不過，故能「去甚、去奢、去泰」，使萬物回歸自然淳樸之性，故能廣施其德於天下，所以「檢故能廣」。⑤故能為成事長：為，成為、作為、擔任。成事長，帶領大家把事情做成功的人。

《韓非子·解老》亦作「故能為成事長」；帛書乙本、北大漢簡本作「故能為成器長」；通行本作「故能成器長」。⑥建：使有所建樹。成全、成就、造就之義。北大漢簡本、通行本作「救」。顯然，相比於「救」字，「建」字含義更豐富深廣。⑦女：通「如」。則，就。通行本無此字。垣：本意為牆。作動詞時指築牆圍繞。引申為護衛、援衛。《釋名》：「垣，援也。人可以依阻以為援衛也。」通行本作「衛」。⑧胃：通「謂」。說。⑨琛：通「寶」。⑩市：通「恃」。依賴、依靠；持、矜持。《通訓定聲》：「市，恃也。」⑪成器長：成就國家的領導者。器，神器，指國家。⑫單：通「戰」。朕：通「勝」。形近相假。⑬也夫：語氣助詞。表感嘆。

【譯文】天下人都對我說，我所講的道太廣大了，廣大到不像任何東西。正是因為道太大了，所以才不像任何具體的東西；如果和具體的東西相像，那麼早就微不足道了啊！我有三種最值得珍貴的法寶，一直以來，我都緊緊依靠、持守並珍惜著它們：一是心中有慈愛，二是言行有節制，三是不敢搶在天下人的前面、爭強好勝。有了無私無我無分別的慈愛之心，就能夠更加勇敢；言行、用度收斂有節制，就能夠使事業更加寬廣，像細水長流那樣，更加長久可持續發展；不敢與天下人爭名奪利，所以能夠成為帶領人們成就事業、引領國家發展的真正的領導者。現在如果捨棄了慈愛之心，而一味逞強、追求匹夫之勇；捨棄了節制，而好大喜功、鋪張浪費；捨棄了謙讓，而一味爭強好勝、爭名奪利，那麼就是死路一條。慈愛之心，以其用於作戰則無往不勝，用於防守則堅不可摧。上天將要成就萬物，就會像慈母對待子女一樣，以慈愛的德性來援助護衛他。

三十三（通行本第六十八章）

帛書甲本：

善爲士[1]者不武，善戰者不怒[2]，善勝敵者弗□善用人者爲之下□胃[3]不諍[4]之德，是胃用人，是胃天，古之極也。

帛書乙本：

故善爲士者不武，善單[5]者不怒，善朕[6]敵者弗與[7]，善用人者爲之下。是胃不爭□德，是胃用人，是胃肥[8]天，古之極也。

王弼注本（六十八章）：

善爲士者不武，善戰者不怒，善勝敵者不與，善用人者爲之下。是謂不爭之德，是謂用人之力，是謂配天，古之極。

河上公本（配天第六十八）：

善爲士者不武，善戰者不怒，善勝敵者不與，善用人者爲之下。是謂不爭之德，是謂用人之力，是謂配天，古之極。

【註釋】①士：古代社會階層的名稱，先秦時期貴族中的最低等級，位次於大夫，士古時兼習文武之道，是戰時軍隊的骨幹力量。一說專指武士或將領。②怒：威怒；威武、勇健。《後漢書·賈彪傳》：「彪字偉節，兄弟三人，而彪最優。天下稱曰：賈氏三虎，偉節最怒。」③胃：通「謂」。說；叫作。④諍：假借為「爭」。爭奪、爭鬥。⑤單：通「戰」。⑥朕：通「勝」。形近相假。⑦與：正面相抗；交鋒。《國語·越語·越興師伐吳而弗與戰》：「彼來從我，固守勿與。」⑧肥：通「配」。本意指配享、祭祀。此處指遵循、符合。

【譯文】真正善於做武士的人，並不炫耀武力、耀武揚威；真正善於作戰的人，往往看上去並不威武勇健；真正善於戰勝敵人的人，往往不需要和敵人正面對抗；真正善於用人的人，謙卑處下。這就是不爭的德性，這就是善於用人的方法，這就是符合天道，是自古以來的最高準則。

三十四（通行本第六十九章）

帛書甲本：

用兵有言曰：吾不敢爲主而爲客[①]，吾不進寸而芮[②]尺。是胃[③]行無行[④]，襄[⑤]無臂，執無兵，乃無敵[⑥]矣。懸[⑦]莫於[⑧]於無適[⑨]，無適斤亡吾吾葆[⑩]矣。故稱兵[⑪]相若，則哀者勝[⑫]矣。

帛書乙本：

用兵又[⑬]言曰：吾不敢爲主而爲客，不敢進寸而退尺。是胃行無行，攘無臂，執無兵，乃無敵。禍莫大於無敵，無敵近亡吾琛[⑭]矣。故抗兵相若，則依者朕[⑮]□

王弼注本（六十九章）：

用兵有言：吾不敢爲主而爲客，不敢進寸而退尺。是謂行無行，攘無臂，扔無敵，執無兵。禍莫大於輕敵，輕敵幾喪吾寶。故抗兵相加，哀者勝矣。

河上公本（玄用第六十九）：

用兵有言：吾不敢爲主而爲客，不敢進寸而退尺。是謂行無行，攘無臂，仍無敵，執無兵。禍莫大於輕敵，輕敵幾喪吾寶。故抗兵相加，哀者勝矣。

【註釋】①吾不敢為主而為客：我不敢成為主動發起侵略戰爭的一方，但是可以奮起反抗。其引申義可參見本書《七十六（通行本第三十二章）》「自賓」註釋。②芮：假借為「退」。音近相假。③胃：通「謂」。說；叫作。④行（xíng）無行（háng）：第一個「行」作動詞，指行軍、排列；第二個「行」作名詞，指行列、軍陣。⑤襄：假借為「攘」。⑥乃無敵：乃，於是、就。是對前面行為的結論，比喻以道治國者不以兵強天下，萬民歸心四方歸附，自然不會樹敵。北大漢簡本亦作「乃無敵」；王弼注本作「扔無敵」，河上公本作「仍無敵」，且在「執無兵」之前。⑦𡙇：同「禍」。⑧於：「大」的訛字。⑨無適：即無敵，目中沒有敵人，輕敵。適，通「敵」。適與敵，字形相近，係形近相假。⑩斤亡吾吾葆：斤，假借為「近」。亡，喪失。吾，本句衍一「吾」字，應刪去一個。葆：通「寶」。⑪稱兵：指興兵，採取軍事行動。《禮記・月令》：「（孟春之月）是月也，不可以稱兵，稱兵必天殃。」⑫哀者勝：即「哀兵必勝」，指受到壓迫、處境絕望而懷著悲憤之情奮起反抗的一方必能獲勝。哀，悲憤；又通「愛」，有愛護之意；哀者，指有慈愛之心的人。說明老子並非反對一切戰爭，其反對的是以欺壓侵吞別國為目的而挑起的侵略戰爭；而面對外敵的侵略，拿起武器奮起抵抗，救民於水火，是正義的，是符合天道的，所以是必定能取得勝利的。正所謂「得道多助，失道寡助」。⑬又：通「有」。⑭琛：通「寶」。⑮依：假借為「哀」。「依」古音同「愛」，音近、形近相假。朕：假借為「勝」。

【譯文】用兵的人曾說過：我不敢成為主動發起侵略戰爭的一

方，但是可以奮起反抗；我不敢輕易前進一寸，而寧可後退一尺，以退為進。這就是說，雖然在行軍卻不炫耀陣勢，振臂高呼卻不捋起袖子、露出胳膊，雖然手拿兵器卻好像甚麼都沒拿一樣，這樣（不耀武揚威）就能天下無敵了。最大的禍患，是輕敵；輕敵幾乎等於讓我喪失了法寶。所以兩軍對壘，在兵力相當的情況下，懷著悲憤之情、慈愛之心奮起反擊的一方獲勝。

三十五（通行本第七十章）

帛書甲本：

吾言甚易知也，甚易行也；而人莫之能知也，而莫之能行也。言有君[1]，事有宗[2]。夫唯無知也，是以不□□□□□□我貴矣。是以聖人被褐而褱玉[3]。

帛書乙本：

吾言易知也，易行也；而天下莫之能知也，莫之能行也。夫言又[4]宗，事又君。夫唯無知也，是以不我知[5]。知者希，則我貴矣。是以耶[6]人被褐而褱玉。

王弼注本（七十章）：

吾言甚易知，甚易行；天下莫能知，莫能行。言有宗，事有君。夫唯無知，是以不我知。知我者希，則我者貴。是以聖人被褐懷玉。

河上公本（知難第七十章）：

吾言甚易知，甚易行；天下莫能知，莫能行。言有宗，事有君。夫唯無知，是以不我知。知我者希，則我者貴。是以聖人被褐懷玉。

【註釋】①君：主旨、主宰。②宗：根本、根據。③被褐而褢玉：被（pī），同「披」；褐（hè），粗布衣服；褢，古同「懷」；玉：比喻賢才美德。身穿粗布衣服，懷中藏著寶玉。比喻人有才德而深藏不露；內修道德而外不飾仁義，不需要標榜仁義來裝點門面。據《史記· 老子傳》，孔子曾適周，問禮於老子。老子曰：「子所言者，其人與骨皆已朽矣，獨其言在耳。且君子得其時則駕，不得其時則蓬累而行。吾聞之，良賈深藏若虛，君子盛德，容貌若愚。去子之驕氣與多欲，態色與淫志，是皆無益於子之身。吾所以告子，若是而已。」孔子去，謂弟子曰：「鳥，吾知其能飛；魚，吾知其能游；獸，吾知其能走。走者可以為罔，遊者可以為綸，飛者可以為矰。至於龍，吾不能知，其乘風雲而上天。吾今見老子，其猶龍邪！」④又：通「有」。⑤不我知：倒裝句。即「不知我」。⑥耶：同「聖」。

【譯文】我說的話很容易理解，也很容易踐行；然而天下很少有人能夠理解，也很少有人能夠踐行。我說的話都是有主旨的，我做的事都是有根據的。正是因為人們不懂得這個道理，所以不能夠理解我。理解我的人很少，能夠效法我的人更加難能可貴。所以聖人往往都是外面穿著粗布衣服，而懷抱著無價的美玉。

三十六（通行本第七十一章）

帛書甲本：

知不知，尚[①]矣；不不[②]知知，病[③]矣。是以聖人之不病，以其□□□□□□□

帛書乙本：

知不知，尚矣；不知知，病矣。是以耶[④]人之不□也，以其病病也，是以不病。

王弼注本（七十一章）：

知不知，上；不知知，病。夫唯病病，是以不病。聖人不病，以其病病，是以不病。

河上公本（知病第七十一）：

知不知，上；不知知，病。夫唯病病，是以不病。聖人不病，以其病病，是以不病。

【註釋】①尚：通「上」。高尚、高明；上等。②此句衍一「不」字。③病：缺點，毛病。④耶：同「聖」。

【譯文】知道了而看上去卻好像甚麼也不知道，這是最高明的；不知道卻裝作甚麼都知道，這是認知上有缺陷，是一種病態。所以聖人沒有這種不懂裝懂的病態，是因為他們知道這種認知上的缺陷是一種病態，所以不會犯這種毛病。

三十七（通行本第七十二章）

帛書甲本：

□□□畏畏[①]，則大□□□矣。毋閘[②]其所居，毋猒[③]其所生。夫唯弗猒，是□□□□□□□□□□□□□□□□□而不自貴也。故去被[④]取此。

帛書乙本：

民之不畏畏，則大畏將至矣。毋伊[⑤]其所居，毋猒其所生。夫唯弗猒，是以不猒[⑥]。是以耶[⑦]人自知而不自見也，自愛而不自貴也。故去罷[⑧]而取此。

王弼注本（七十二章）：

民不畏威，則大威至。無狎其所居，無厭其所生。夫唯不厭，是以不厭。是以聖人自知，不自見；自愛，不自貴。故去彼取此。

河上公本（愛己第七十二）：

民不畏威，大威至矣。無狹其所居，無厭其所生。夫唯不厭，是以不厭。是以聖人自知，不自見；自愛，不自貴。故去彼取此。

【註釋】①畏畏：第一個「畏」字作動詞，害怕、恐懼。第二個「畏」字作名詞，令人恐懼、害怕的事物，這裏指統治者的強權威嚇；一說通「威」，威嚇、威脅。②閘：通「狎」。狹窄、擁擠。又有輕褻、擾害之意。帛書乙本作「伸」，北大漢簡本作「柙」，王弼注本作「狎」，河上公本作「狹」。③猒：同「壓」，壓迫、阻塞。《集韻》：「本作厭，或作壓。」④被：通「彼」。⑤伸（xiá）：同「狎」。⑥猒：同「厭」。飽足。引申為厭惡、嫌棄。《說文》：「猒，飽也。」⑦耶：同「聖」。⑧罷：又讀作pí，假借為「彼」，音近相假。

【譯文】當百姓不害怕統治者的威嚇之時，那麼也就說明大禍將要臨頭了。不要擾害百姓的安居樂業，使他們的生存空間越來越小；不要壓迫百姓的生活，阻塞他們的謀生之路。只有不壓迫百姓，才不會被百姓厭棄。所以聖明的君主有自知之明，而不會自我表現、自我炫耀、自我標榜；聖明的君主愛惜自身，而不會高高在上、以高貴自居。所以應當捨棄自見、自貴，而保留自知、自愛。

三十八（通行本第七十三章）

帛書甲本：

勇[①]於敢[②]者□□□於不敢者則栝[③]□□□□□□□□□□□□□□□□□□□□□□□□□□不言而善應，不召而自來，彈[④]而善謀□□□□□□□□□

帛書乙本：

勇於敢則殺，勇於不敢則栝□兩者或利或害，天之所亞[⑤]，孰知其故？天之道，不單[⑥]而善朕[⑦]，不言而善應，弗召而自來，單[⑧]而善謀。天罔経経[⑨]，疏而不失。

王弼注本（七十三章）：

勇於敢則殺，勇於不敢則活。此兩者，或利或害。天之所惡，孰知其故？是以聖人猶難之[⑩]。天之道，不爭而善勝，不言而善應，不召而自來，繟然[⑪]而善謀。天網恢恢，疏而不失。

河上公本（任為第七十三）：

勇於敢則殺，勇於不敢則活。此兩者，或利或害。天之所惡，孰知其故？是以聖人猶難之。天之道，不爭而善勝，不言而善應，不召而自來，繟然而善謀。天網恢恢，疏而不失。

【註釋】①勇：有膽量；有力氣；敢做某事。《說文》：「勇，氣也。」《左傳·昭公二十年》：「知死不辟，勇也。」②敢：進取。《說文》：「敢，進取也。」③栝（tiǎn）：本意是火杖、撥火棍。作用就是讓火燒旺、燒活起來。故假借為「活」。通行本作「活」。④彈：通「繟」（chǎn）。本意是寬鬆的絲帶。引申為寬綽、舒緩。⑤亞：通「惡」。⑥單：通「戰」。⑦朕：假借為「勝」。⑧單：通「繟」。⑨天罔経経：罔，通「網」。経，通「𡘋」。《集韻》：「𡘋，音怪。大也。」「𡘋」同「𡘍」。《字彙》：「𡘍，枯回切，音魁。大也，多也。」《正字通》：「𡘍，俗𡘋字」。「𡘋」同「恢」。廣大。《說文》：「恢，大也。」経、𡘋、𡘍、恢四字相互通假，形近義同。⑩是以聖人猶難之：所以聖人也是很慎重地對待這個問題。結合上下文，這裏的意思是說，天意難以揣測，誰也不知道上天厭棄的究竟是誰，是甚麼行為，所以人不應該憑主觀臆斷來對一個人進行懲罰、鬥爭、定罪。因為人的主觀意識往往和上天的意志是違背的。參見本書《二十六（通行本第六十三章）》註釋④。帛書本無此句。⑪繟然：坦然、寬舒的樣子。

【譯文】努力進取、表現出果敢剛強、逞匹夫之勇的人，是一種勇氣，然而往往會死於非命；懂得退讓、表現出謙卑柔和、不爭強好勝的人，更是一種勇氣，而且往往因此得以安然存活。這兩種行為，一個使人受益，一個使人受害。上天所厭惡的行為，誰知道究竟是甚麼原因呢？因此聖人也是很慎重地對待這個問題（不敢輕易與人爭鬥對抗、對人定罪懲罰）。天道的規律是，不用爭鬥就能善於取勝，不用說話就能善於回應，不用召喚而萬物自動前來歸附，坦然和緩、從容不迫地實現所謀劃的事情。天道的規律就像一張寬廣無邊的大網，網孔看似稀疏，卻從不會有任何漏失。

三十九(通行本第七十四章)

帛書甲本:

□□□□□□□奈何以殺思[①]之也?若民恒是[②]死,則而爲者,吾將得而殺之,夫孰敢矣?若民□□必畏死,則恒有司殺者。夫伐[③]司殺者[④]殺,是伐大匠斲[⑤]也。夫伐大匠斲者,則□不傷其手矣。

帛書乙本:

若民恒且不畏死,若何以殺曜[⑥]之也?使民恒且畏死,而爲畸[⑦]者□得而殺之,夫孰敢矣。若民恒且必畏死,則恒又司殺者。夫代司殺者殺,是代大匠斲。夫代大匠斲,則希不傷其手。

王弼注本(七十四章):

民不畏死,奈何以死懼之?若使民常畏死,而爲奇[⑧]者,吾得執而殺之,孰敢?常有司殺者殺。夫代司殺者殺,是謂代大匠斲。夫代大匠斲者,希有不傷其手矣。

河上公本(制惑第七十四):

民不畏死,奈何以死懼之!若使民常畏死,而爲奇者,吾得執而殺之,孰敢?常有司殺者。夫代司殺者,是謂代大匠斲。夫代大匠斲者，希有不傷手者矣。

【註釋】①愳（jù）：古同「懼」，恐嚇、威脅。②是：或為「畏」之訛。形近而誤。③伐：或為「代」之訛。形近而誤。④司殺者：掌握生殺大權的人。這裏指天道法則、自然規律。⑤大匠：技藝高超的木工。斲（zhuó）：用刀斧等砍、斫、削木。⑥矔：同「懼」，恐嚇、威脅。⑦畸：偏、邪。《廣雅·釋詁》：「畸，衺也。」⑧奇（jī）：非法的、不正當的。同「畸」。

【譯文】如果民眾從來都不畏懼死亡，那麼又何必用死亡來威脅他們呢？如果民眾一直都畏懼死亡，那麼那些為非作歹的人，我就可以把他抓來殺掉，這樣誰還敢為非作歹呢？就算是民眾從來都是畏懼死亡的，那麼自然一直有天道來掌管人民的生死。代替天道來殺人，就好像是代替技術高超的木匠來砍削木頭一樣。代替技術高超的木匠來砍削木頭，那麼很少有不傷到自己手的。

四十（通行本第七十五章）

帛書甲本：

人之饑也，以其取食说[①]之多也，是以饑。百姓之不治也，以其上有以爲□是以不治。民之巠[②]死，以其求生之厚也，是以巠死。夫唯無以生爲者，是賢貴生。

帛書乙本：

人之饑也，以其取食跷之多[③]，是以饑。百生之不治也，以其上之有以爲也□以不治。民之輕死也，以其求生之厚也，是以輕死。夫唯無以生爲者，是賢貴生。

王弼注本（七十五章）：

民之饑，以其上食稅之多，是以饑。民之難治，以其上之有爲，是以難治。民之輕死，以其求生之厚，是以輕死。夫唯無以生爲者，是賢於貴生。

河上公本（貪損第七十五）：

民之饑，以其上食稅之多，是以饑。民之難治，以其上之有爲，是以難治。民之輕死，以其求生之厚，是以輕死。夫唯無以生爲者，是賢於貴生。

【註釋】①取食逆：逆，通「稅」。取食逆，即收取賦稅。一說，逆指途徑；取食逆，即獲取食物的途徑。②巠：通「輕」，輕視。③取食跷之多：跷，通「稅」。又，《篇海類編》：「（跷）音悅，步楚也。」步楚，走路痛苦的樣子。取食跷之多，可理解為取食之道多困難。

【譯文】人民之所以饑餓，是因為他們的統治者收取的賦稅太多，而獲取食物的渠道又太少，所以忍饑挨餓。百姓之所以難以治理，是因為他們的統治者總是帶著個人功利目的胡亂作為，所以難以治理。民眾之所以不顧惜生命，是因為他們的統治者所追求的奉養太過豐厚，所以才輕視生命。因此那些不一味看重自己生命的統治者，勝過了那些以民脂民膏來厚養自己的統治者。

四十一（通行本第七十六章）

帛書甲本：

人之生也柔弱，其死也莅仞賢強[1]。萬物草木之生也柔脆，其死也楎薧[2]。故曰：堅強者，死之徒也；柔弱微細，生之徒也。兵強則不勝，木強則恒[3]。強大居下，柔弱微細居上。

帛書乙本：

人之生也柔弱，其死也髄信堅強。萬□□木之生也柔椊[4]，其死也棹槁。故曰：堅強，死之徒也；柔弱，生之徒也□以兵強則不朕[5]，木強則兢[6]。故強大居下，柔弱居上。

王弼注本（七十六章）：

人之生也柔弱，其死也堅強。萬物草木之生也柔脆，其死也枯槁。故堅強者，死之徒；柔弱者，生之徒。是以兵強則不勝，木強則兵。強大處下，柔弱處上。

河上公本（戒強第七十六）：

人之生也柔弱，其死也堅強。萬物草木之生也柔脆，其死也枯槁。故堅強者，死之徒；柔弱者，生之徒。是以兵強則不勝，木強則共。強大處下，柔弱處上。

【註釋】①楦仞：帛書乙本作「髄信」，北大漢簡本作「倰信」，通行本無此二字。楦，通「亙」（gèn），古同「柦」。《說文解字注》：「（亙）古文柦。按今字多用亙，不用柦。舟在二之間。絕流而竟。會意也。」「柦，竟也。」可見，「楦」有究竟、完全、徹底、窮盡、滅絕、終了之意。仞，通「信」，同「伸」，伸展、舒展開。所以「楦仞」即是完全、徹底地伸展開來的意思。參考下文「木強則恒」以及帛書乙本「木強則競」（競通「竟」），也可相互印證。有版本將「楦」解釋為通「筋」，是牽強的。賢，通「堅」。②棹槀（kū gǎo）：通「枯槁」。乾枯、枯萎。③恒：通「亙」，古同「柦」。窮盡，終。帛書乙本作「兢」，北大漢簡本作「核」，王弼注本作「兵」，河上公本作「共」。④椊：古同「脆」。⑤朕：通「勝」。⑥競：通「竟」。窮盡，終了，完畢。另，又含有競爭、爭強好勝之義。

【譯文】人活著的時候身體是柔軟的，而死後身體就完全伸展挺直，變得僵硬了。萬物草木在生存時也是柔軟脆弱的，而死後就變得乾枯僵直了。所以說：堅硬剛強的屬性，是走向死亡的表現；柔弱細微的屬性，是有生機的表現。所以軍隊逞強就不能取勝，樹木變強硬就失去了生機，即將枯死（一說，樹木強硬了就會被人砍伐）。所以強大的事物反而處於劣勢，往衰敗死亡的方向發展；柔弱的事物反而處於優勢，往生存成長的方向發展。

四十二（通行本第七十七章）

帛書甲本：

天下[①]□□□□□者也。高者印[②]之，下者舉之；有餘者敗[③]之，不足者補之。故天之道，敗有□□□□□□□□□□不然，敗□□□奉有餘。孰能有餘而有以取奉[④]於天者乎？□□□□□□□□□□□□□□□□□□□□□□□□□□□見[⑤]賢也。

帛書乙本：

天之道，酉張弓[⑥]也。高者印之，下者舉之；有餘者云[⑦]之，不足者□□□□□□□云有餘而益不足；人之道，云不足而奉又[⑧]餘。夫孰能又餘而□□□奉於天者？唯又道者乎？是以耶[⑨]人爲而弗又[⑩]，成功而弗居也，若此，其不欲見賢也。

王弼注本（七十七章）：

天之道，其猶張弓與？高者抑之，下者舉之；有餘者損之，不足者補之。天之道，損有餘而補不足；人之道則不然，損不足以奉有餘。孰能有餘以奉天下？唯有道者。是以聖人爲而不恃[⑪]，功成而不處，其不欲見賢。

河上公本（天道第七十七）：

天之道，其猶張弓乎！高者抑之，下者舉之，有餘者損之，不足者與之。天之道，損有餘而補不足；人之道則不然，損不足以奉有餘。孰能有餘以奉天下？唯有道者。是以聖人爲而不恃，功成而不處，其不欲見賢。

【註釋】①本句衍一「下」字。②印：古同「抑」。按壓，壓制。③有餘：充足有剩餘、不缺乏。這裏不僅指衣食住行等物質財富而言，凡是眾生生存所需或極力追求的事物均是，比如才智、知識、健康、名聲、榮譽、眷屬等。敗：同「損」。減少。④取奉：迎合奉承。⑤見：同「現」。表現。⑥酉：假借為「猶」，音近通假。如同、好似。張弓：張，本義是把弦安在弓上。《說文》：「張，施弓弦也。」段注：「張、弛，本謂弓施弦、解弦。」未上弦、「鬆弛」狀態下的弓，與上弦後「緊張」狀態下的弓，其彎曲方向正好相反，故有「角弓反張」的說法。因此張弓的過程，是一個反向操作的過程，原本處在下位的，會反過來朝上；原本處在上位的，會反過來向下。且弓弦的兩端必須安裝在弓兩頭距離相等的地方，不能一邊高、一邊低。同時，弓一旦上弦，就充滿了張力和勢能。⑦云：通「損」。《說文》：「損，減也。從手，員聲。」陸德明《經典釋文》：「員音云，本亦作云。」故云、員、損通假。⑧又：通「有」。⑨耶：同「聖」。⑩又：通「有」。佔有。⑪恃：自恃功勞而故作姿態、傲慢自大、強行索取回報之義。參見本書《十四（通行本第五十一章）》註釋⑧。

【譯文】天道的規律，就好像是給鬆弛的弓上弦一樣，是一個反向操作的過程。處於高位的把它壓低，處於下位的把它抬高；對多餘的進行減損，對不足的進行彌補。所以天道運行所呈現出的自然規律，是減損充足有餘的而補充給不足的；而人為制定的規則，卻往往是減損不足的去奉獻給充足有餘的。那麼，誰能夠在有所富餘的情況下，將自己所富餘的東西拿出來，迎合、效法天道，來奉獻、布施給天下的芸芸眾生呢？大概只有那些真正懂得並踐行大道的人吧！所以聖明的君主，幫助、成全萬物而不據為己有、索求回報，成就功業而不居功自傲，他們這樣做，是因為不想在眾人面前顯示自己的賢德和才能。

四十三（通行本第七十八章）

帛書甲本：

天下莫柔□□□□□堅強者莫之能□也，以其無□易□□□□□□□□□勝強，天□□□□□□□□□行也。故聖人之言云，曰：「受邦之訽[①]，是胃[②]社稷之主；受邦之不祥，是胃天下之王。」□□若反。

帛書乙本：

天下莫柔弱於水□□□□□□□□□□以其無以易之也。水之朕[③]剛也，弱之朕強也，天下莫弗知也，而□□□也。是故耶[④]人之言云，曰：「受國之訽，是胃社稷之主；受國之不祥，是胃天下之王。」正言若反。

王弼注本（七十八章）：

天下莫柔弱於水，而攻堅強者莫之能勝，其無以易之。弱之勝強，柔之勝剛，天下莫不知，莫能行。是以聖人云：「受國之垢[⑤]，是謂社稷主[⑥]；受國不祥，是爲天下王。」正言若反。

河上公本（任信第七十八）：

天下柔弱莫過於水，而攻堅強者莫知能勝，其無以易之。

弱之勝強，柔之勝剛，天下莫不知，莫能行。故聖人云：「受國之垢，是謂社稷主；受國之不祥，是爲天下王。」正言若反。

【註釋】①訽（gòu）：同「詬」。恥辱，辱罵。《說文》：「訽，詬或從句。」②通「謂」。說；叫作。③朕：通「勝」。④耶：同「聖」。⑤垢：本義指汙穢、髒東西。通「詬」，屈辱、恥辱。⑥社稷主：邦國之主。社稷，社為土神，稷為穀神，古時君主都祭祀社稷，後以社稷代表國家。

【譯文】天下沒有比水更柔弱的了，然而水卻能夠排山倒海、滴水穿石，融化、消解、包容一切事物，擁有無堅不摧的力量，沒有甚麼東西能超過水的，而且水能永遠保持柔弱的屬性不會改變，也沒有甚麼東西能夠替代水。水能夠摧毀堅硬的東西，柔弱能夠戰勝剛強，天下沒有人不懂得這個道理，然而幾乎沒有人能夠做到。因此，聖人曾說過這樣的話：「能夠為國家和人民承受屈辱，才能擔任國家的君主；能夠為國家和人民承受災禍和苦難，忍辱負重，不改初心，才能擔任天下的君王。」這種真正的道理，聽起來好像和一般人的認知是恰好相反的。

四十四（通行本第七十九章）

帛書甲本：

和[①]大怨，必有餘怨[②]，焉可以爲善？是以聖右介[③]，而不以責於人。故有德司介□德司斆[④]。夫天道無親，恒與善人。

帛書乙本：

禾[⑤]大□□□□□□□□□爲善？是以聖人執左芥，而不以責於人。故又德司芥，無德司斆□□□□□□□□□□

王弼注本（七十九章）：

和大怨，必有餘怨，安可以爲善？是以聖人執左契[⑥]，而不責於人。有德司契，無德司徹。天道無親，常與善人。

河上公本（任契第七十九）：

和大怨，必有餘怨，安可以爲善？是以聖人執左契而不責於人。有德司契，無德司徹。天道無親，常與善人。

【註釋】①和：調和、和解。②餘怨：遺留未消的怨忿。③聖右介：疑脫漏「人執」二字。應為「聖人執右介」。右介，帛書乙本作「左芥」，北大漢簡本、通行本均作「左契」。介，有憑藉、依據之義；一說，

「介」通「契」，「右介」即「右契」。不論「介」還是「契」，其義相同，都指契約，古代的符契刻完字之後，剖為兩半，雙方各收一半以作憑證。債券人保存右邊的一半，即右契；債務人保存左邊的一半，即左契。《禮記· 曲禮》：「獻粟者執右契」。鄭玄注：「契，券要也，右為尊。」《戰國策· 韓策》：「操右契而為公責德於秦魏之王。」鮑彪注：「左契待合而已，右契可以責取。」《商君書· 定分》：「以左券予吏之問法令者；主法令之吏謹藏其右券。」錢鍾書《管錐編》：「符與契皆剖分左右，之官持左符，而責償執右契。」準此，右契乃取責之憑證，應以「右介」或「右契」為是。作「左契」之本，或為後期傳抄之誤，或因「左」「右」字形相近故。④徹（chè）：古同「徹」。徹，周代的一種田賦制度。為十取一的稅法。《孟子· 滕文公上》：「夏后氏五十而貢，殷人七十而助，周人百畝而徹，其實皆甚一也。」趙岐注：「家耕百畝者徹，取十畝以為賦。」⑤禾：通「和」。《康熙字典》：「又禾，和也。」《尚書· 微子之命》：「唐叔得禾，異畝同穎。」孔傳：「禾者，和也。異畝同穎，天下和同之象。」⑥契：契約、證券。《說文》：「契，大約也。」大約，重要的約定。《玉篇》：「契，券也。」《禮記· 曲禮》孫希旦集解：「契，謂兩書一札，同而別之，右為尊，以先書為尊也。」

【譯文】調和了大的冤仇，也一定還會留有餘怨，無法消除，這怎麼算得上是盡善盡美的處理方法呢？因此聖人即使持有有權責償的債券，也不會逼迫欠債的人償還。所以有德的人，就像持有債券卻不責償的聖人一樣，寬容大度；無德的人，就像掌管稅收的官吏，一分一毫都不通融寬假一樣，嚴厲苛刻。天道是公正無私的，它沒有親疏之分，不會對任何人有所偏愛，它從來只和遵循大道、德性高尚的善人在一起（人只要遵循天道辦事，就會得到天道的反饋和加持）。

道經

四十五（通行本第一章）

帛書甲本：

道[①]，可道[②]也，非恒[③]道也；名[④]，可名[⑤]也，非恒名也。無[⑥]，名萬物之始也；有[⑦]，名萬物之母也□恒無欲[⑧]也，以觀其眇[⑨]；恒有欲[⑩]也，以觀其所噭[⑪]。兩者同出，異名同胃[⑫]。玄[⑬]之有[⑭]玄，衆眇之□

帛書乙本：

道，可道也□□□□□□□□□恒名也。無，名萬物之始也；有，名萬物之母也。故恒無欲也□□□□恒又欲也，以觀其所噭。兩者同出，異名同胃。玄之有玄，衆眇之門。

王弼注本（一章）：

道可道，非常道；名可名，非常名。無名天地之始，有名萬物之母。故常無欲，以觀其妙；常有欲，以觀其徼。此兩者，同出而異名，同謂之玄，玄之又玄，衆妙之門。

河上公本（體道第一）：

道可道，非常道；名可名，非常名。無名天地之始，有名萬物之母。故常無欲，以觀其妙；常有欲，以觀其徼。此兩者，同出而異名，同謂之玄，玄之又玄，衆妙之門。

【註釋】①道：此處作名詞。本義指道路。引申為指宇宙的本體，萬物的本源。《說文》：「道，所行道也。一達謂之道。」《廣韻》：「（道）理也，衆妙皆道也，合三才萬物共由者也。」指老子所領悟的宇宙自然之道，是世界的本原、宇宙的法則，是人類的終極追求，是老子哲學思想中最基本的概念。②道：此處作動詞。用語言描述。③恒：長久，固定不變。《說文》：「恒，常也。」段注：「常，當作長。古長久字只作長。」《易·序卦傳》：「恒者，久也。」後為避漢文帝劉恒之諱，而改為「常」。通行本即作「常」。④名：此處作名詞。名稱，概念。引申為大道作用於萬物時所呈現出的形形色色的規律、概念。《說文》：「名，自命也。從口從夕。夕者，冥也。冥不相見，故以口自名。」⑤名：此處作動詞。命名，稱呼。北大漢簡本作「命」。⑥無：虛無；空無；無極。無形無象，無聲無色，無始無終，無可指名，是形成宇宙萬物的本原。是相對「有」而言，但並非絕對意義上的不存在。可以理解為宇宙生成之前就已經先天存在的無法被感知的或被儀器設備探測的暗能量。《八仙注》：「無，即所謂無極也。未有天地，先有此道。道麗於無。非天地之始乎？」⑦有：太極。宇宙最原始的混沌之氣，生成萬物的最基本的物質元素。太極運動而分化出陰陽二氣，陰陽二氣相互衝盪交融，從而產生萬物。《八仙注》：「有，即所謂太極也。惟有道而後萬物生。無趨於有。非萬物之母乎。」⑧無欲：清靜無欲、無為無我的狀態，屬靜態。此為從「無」的角度內修於心，為出世的修行方法。⑨眇：通「妙」。玄妙，奧妙。通過內修於心而清靜無欲以至無為無我，達到入定的狀態而體驗「無」的玄妙。⑩有欲:積極有為、自強不息的狀態,屬動態。此為從「有」的角度外修於行,為入世的修行方法。⑪噭(jiào):通「徼」。邊際,邊界。引申為外在呈現出的規律。通過外修於行而積極有為、自強不息,觀察大道作用於萬物所呈現出的規律,從而領悟大道。⑫胃:通「謂」。說,講述,闡述。⑬玄:本義是染絲用的絲結,其小篆字,下端像單絞的絲,上端是絲絞上的繫帶。其形態酷似雙螺旋結構。又指深黑色。引申為玄妙、幽遠、深奧、難以捉摸。《說文》:「玄,幽遠也。黑而有赤色者為玄。象幽,而亠覆之也。」《八仙注》:「玄者,深遠無極之所,出有入無,道之神妙若此。欲不謂之玄也能乎?然第謂之玄,然第謂之玄,則猶可以跡象求也。毛輶有倫,是也。至玄之又玄,則鮮所測度,所謂無聲無臭是也,非至而何?然又不終於無,眾有皆從此化化生生,故曰眾妙之門。」⑭有:通「又」。

【譯文】作為宇宙萬物本源的大道,是可以用語言描述的,但可以用語言描述的道,已經不是那個長久不變的大道的本體了;大道作用於萬物時所呈現出的規律、形成的概念,是可以被命名、定義的,但被命名、定義的規律、概念,已經不是那個長久不變的規律的本身了。在宇宙形成之前就已經存在的一種存在,是無形無象、無聲無色、無始無終、無可指名的,姑且稱之為「無」,或叫作「無極」,是天地萬物起始的源動力;宇宙最原始的混沌之氣,是生成萬物的最基本的物質元素,姑且稱之為「有」,或叫作「太極」,是孕育天地萬物的母體。所以要常常保持清靜恬淡、無欲無我的狀態,內修於心,從「無」的角度,以出世的態度,來體察大道的內在奧妙;常常積極有為、自強不息,外修於行，從「有」的角度，以入世的態度，來觀察大道作用於萬物時所呈現出的外在的規律。「無」和「有」這兩者是大道的一體兩面，是同時出現並相互依存的，它們雖然名稱、定義不同，但是呈現的規律、闡述的道理是一致的。（它們都可謂是深奧玄妙的。）「無」中生「有」，「有」歸於「無」，是大道運化作用的神妙體現，大道就這樣反復不停地推動運化，這即是造生萬物的神妙之門。

四十六（通行本第二章）

帛書甲本：

天下皆知美爲美，惡已[①]；皆知善，訾不善矣[②]。有無之相生也，難易之相成也，長短之相刑[③]也，高下之相盈[④]也，意聲[⑤]之相和也，先後之相隋[⑥]，恒也。是以聲[⑦]人居無爲之事，行□□□□□□□□□□□也，爲而弗志[⑧]也，成功而弗居也。夫唯□居，是以弗去。

帛書乙本：

天下皆知美之爲美，亞[⑨]已；皆知善，斯不善矣□□□□生也，難易之相成也，長短之相刑也，高下之相盈也，音聲之相和也，先後之相隋，恒也。是以耶[⑩]人居無爲之事，行不言之教。萬物昔而弗始[⑪]，爲而弗侍[⑫]也，成功而弗居也。夫唯弗居，是以弗去。

王弼注本（二章）：

天下皆知美之爲美，斯惡已；皆知善之爲善，斯不善已。故有無相生，難易相成，長短相較，高下相傾[⑬]，音聲相和，前後相隨。是以聖人處無爲之事，行不言之教。萬物作焉而不辭，生而不有，爲而不恃，功成而弗居。夫唯弗居，是以不去。

河上公本（養身第二）：

天下皆知美之爲美，斯惡已；皆知善之爲善，斯不善已。故有無相生，難易相成，長短相形，高下相傾，音聲相和，前後相隨。是以聖人處無爲之事，行不言之教。萬物作焉而不辭，生而不有，爲而不恃，功成而弗居。夫唯弗居，是以不去。

【註釋】①惡：醜陋。古書中常與「美」對舉。《管子·樞言》：「惡者，美之充也。」《韓非子·說林上》：「今子美而我惡。」《左傳·昭公二十八年》：「昔賈大夫惡，取妻而美。」已：通「矣」。句末語氣詞。②訾不善矣：郭店楚簡本作「此其不善已」，帛書乙本、北大漢簡本作「斯不善矣」，通行本作「斯不善已」。訾，通「此」，如此。③相刑：刑，通「形」。相互襯托顯現。④相盈：盈，盈滿。郭店楚簡本作「涅」，「涅」亦有滿的意思；北大漢簡本作「頃」，通行本作「傾」。相盈即相互包含、相互充滿。《公孫龍子·堅白論》：「其白也，其堅也，而石必得以相盈，其自藏奈何？」⑤意聲：意，假借為「音」。聲乃音階，音乃各種樂器所奏產生的五聲相配而成之樂音。聲為音之源，音為聲之行。《風俗通義·聲音》：「聲者，宮、商、角、徵、羽也；音者，土曰壎、匏曰笙、革曰鼓、竹曰管、絲曰弦、石曰磬、金曰鐘、木曰柷（zhù）。《詩》曰：『鶴鳴九皋，聲聞於天。』《書》：『八音克諧，無相奪倫。』由是言之，聲本音末也。」《說文解字注》：「宮、商、角、徵、羽，聲也；絲、竹、金、石、匏、土、革、木，音也。」《禮記·樂記》：「凡音者，生人心者也。情動於中，故形於聲；聲成文，謂之音。」⑥相隋：隋，通「隨」。伴隨、跟隨；相互依存。⑦聲：假借為「聖」。⑧志：記在心裏，惦念。帛書乙本、北大漢簡本作「侍」，通行本作「恃」。⑨亞：通「惡」。醜陋。⑩耶：同「聖」。⑪昔（cuò）而弗始：昔，假借為「錯」，又通「措」。措置、安置；安定。《集韻》：「（昔）倉各切，音錯。㹀也。」《周禮・冬官考工記・弓人》：「老牛之角紾而昔。」註：「昔讀為交錯之錯，謂牛角㹀理錯也。」《通訓定聲》：「昔，假借為『錯』。」《說文》段注：「錯，或借為『措』字。」始，滋生，《禮記》：「君子念始之者也。」鄭玄注：「始，猶生也。」另有謀劃、圖謀、謀求之義。《詩・大雅・緜》：「爰始爰謀，爰契我龜。」馬瑞辰通釋：「始亦謀也。爰始爰謀，猶言是究是圖也。」「始」通行本作「辭」。昔而弗始，即默默安定萬物而不刻意謀求甚麼。⑫侍：通「恃」。依賴、倚仗；矜持。⑬相傾：傾，本意是歪斜，此處引申為支撐、支持。相互支撐、護持。或認為避漢惠帝劉盈諱而改「盈」為「傾」。

【譯文】當天下人都知道美好的事物是美好的話，就說明已經有醜陋的東西存在了；都知道甚麼是善的話，就說明已經有不善存在了。「有」和「無」相互生成，無中可以生有，有也會歸於無。「難」和「易」相互成就，天下的難事都是由容易的事累積疊加而成的，天下的易事都是克服種種困難後而達成的。「長」和「短」相互襯托呈現，有短的東西存在才能顯示出長的，有長的東西存在才能顯示出短的；長的東西是由短的東西組成的，短的東西也是由長的東西削減製作而成的。「高」和「下」相互包含、相互支撐，居於高位的需要下位的作為基礎，居於下位的需要高位的來保護；反之，如果居於高位的不能保護下位的，則會被下位的傾覆；下位的不能支持高位的，會使自己陷入危險和虛弱。「音」和「聲」相互應和協調配合，方能演奏出美妙的音樂，聲為音之源，音為聲之行。「先」和「後」相伴相續，比如如昨天相對於今天為先，明天相對於今天則為後；走路時第一步是前腳為先，但下一步卻又是後腳為先了。綜上，以上所說的各種概念都是相對而生、相反相成的，這種對立統一的關係是永恒不變的規律。所以聖人以順應自然規律、清靜無為的方式來處理事情，不作過多人為干涉；不依靠空洞的語言說教、繁瑣的禮法政令來實施教化，而是遵循大道，以身作則，以德政感化人民。使萬物自然生長、各得其所而不干涉它們或謀求甚麼，幫助、成就萬物而不惦念在心、求取回報，建立了功勞而不據為己有。正因為不居功，所以沒有人與他爭奪功勞，那麼他的功勞也就永遠不會失去。

四十七（通行本第三章）

帛書甲本：

不上賢[①]□□□□□□□□□□□民不爲□□□□□□民不亂。是以聲[②]人之□□□□□□□□□□□強其骨□使民無知[③]無欲也，使□□□□□□□□□□□□□

帛書乙本：

不上賢，使民不爭；不貴難得之貨，使民不爲盜；不見可欲，使民不亂。是以耶[④]人之治也，虛其心，實其腹[⑤]；弱其志，強其骨[⑥]；恒使民無知無欲也。使夫知不敢[⑦]、弗爲而已，則無不治矣。

王弼注本（三章）：

不尚賢，使民不爭；不貴難得之貨，使民不爲盜；不見可欲，使民心不亂。是以聖人之治，虛其心，實其腹；弱其志，強其骨。常使民無知無欲，使夫智者不敢爲也。爲無爲，則無不治。

河上公本（安民第三）：

不尚賢，使民不爭；不貴難得之貨，使民不爲盜；不見可欲，使心不亂。是以聖人治，虛其心，實其腹；弱其志，強其骨。常使民無知無欲，使夫智者不敢爲也。爲無爲，則無不治。

【註釋】①上賢：上，動詞，以…為上，崇尚、提倡。《史記·主父偃傳》：「上篤厚。」賢，從貝，與財富有關。本義為多財。引申為多才、有德。《說文解字注》：「（賢）多財也。財各本作才。今正。賢本多財之稱，引申之凡多皆曰賢。人稱賢能，因習其引申之義而廢其本義矣。」《莊子·徐無鬼》：「以財分人之謂賢。」②聲：假借為「聖」。③知：《廣韻》：「（知）欲也。」《禮記·樂記》：「好惡無節於內，知誘於外。」④耶：同「聖」。⑤虛其心，實其腹：虛和實、心和腹相對。虛，本義為大丘。（中空的山為丘。《說文》：「四方高、中央下為丘。」）引申為空虛、澄澈。使民眾內心空虛，而腹內充實。《八仙注》：「心者，神明之宰，自是要虛。而腹則何以要實？蓋腹者，心所宅也。宅弗安，則天君亂。故虛心而實腹。」⑥弱其志，強其骨：弱和強、志和骨相對。志，指妄念、思慮、情感、欲求之類。《說文》：「志，意也。」使民眾欲望減少，身體強壯。《八仙注》：「若志，則腎所藏也。而骨則為腎之餘。志妄動，則強而肆欲，骨斯以痿。聖人知此，故弱其志以強其骨。」⑦不敢：敢，有膽量做某種事情。《儀禮》疏：「凡言敢者，都是以卑觸尊，不自明之意。」不敢，即有自知之明而不妄為。

【譯文】不崇尚多財，使民眾不爭逐財利；（不刻意標榜、選樹少數賢才能人等所謂的精英，使民眾不起爭競之心；）不抬升金銀珠玉等稀有貨物的價值，使民眾不會為了得到它們而去偷盜；不展示容易誘發貪欲之心的東西，使民眾的心不受惑亂。所以有道的君主治理天下，就是使民眾的內心空虛澄淨，而肚腹得以飽足；減弱他們的妄想雜念，而讓他們的筋骨強健；總是使民眾處於無欲無求的狀態。（讓那些善於使用智巧的所謂聰明人不敢妄為生事。）假使真正懂得了不敢妄為、自然無為的道理，那麼就沒有治理不好的國家。

四十八（通行本第四章）

帛書甲本：

□□□□□□□盈也；潚呵[①]，始[②]萬物之宗。銼其[③]，解其紛；和其光，同□□□□□或存。吾不知□□□子也，象帝之先[④]。

帛書乙本：

道沖[⑤]，而用之有弗盈也；淵呵，似萬物之宗。銼其兌[⑥]，解其芬[⑦]；和其光，同其塵。湛[⑧]呵，似或存。吾不知其誰之子也，象帝之先。

王弼注本（四章）：

道沖，而用之或不盈；淵兮，似萬物之宗。挫其銳，解其紛；和其光，同其塵[⑨]。湛兮，似或存。吾不知誰之子，象帝之先。

河上公本（無源第四）：

道沖，而用之或不盈；淵乎，似萬物之宗。挫其銳，解其紛；和其光，同其塵。湛兮，似若存。吾不知誰之子，象帝之先。

【註釋】①潚呵：潚（sù），水深而清澈；迅疾。《說文》：「（潚）深清也。又疾也。」一說通「淵」。呵（ā）：表示驚異或讚嘆。同「啊」。用法同「兮」。通行本作「兮」。②始：滋生。《禮記》：「君子念始之者也。」鄭玄注：「始，猶生也。」一說假借為「似」。③銼其：銼，古同「挫」。此句應為「銼其銳」或「銼其兌」，疑脫漏一「銳」字或「兌」字。④象帝之先：出現在天帝之前。象，出現、產生、形成。《易·繫辭上》：「見乃謂之象，形乃謂之器。」帝，天帝、上帝。《字彙》：「帝，上帝，天之神也。」《說文》：「帝，諦也。」⑤沖：通「盅」。空虛。《說文解字注》：「凡用沖虛字者，皆盅之假借。《尚書》沖人，亦空虛無所知之意。」又有運動、深遠之義。⑥兌：通「銳」。尖銳，鋒利。⑦芬：通「紛」。亂，雜。《漢書·禮樂志》：「乘玄四龍，回馳北行，羽旄殷盛，芬哉芒芒。」⑧湛（zhàn）：深、深沉；清澈透明。⑨挫其銳，解其紛，和其光，同其塵：參見本書《十九（通行本第五十六章）》。在該章中也出現了這幾句話，但含義有所不同。在該章是針對人而言，指尊道而修行時的狀態；這裏是針對大道作用於萬物而言。

【譯文】大道是無形無象的，但它永遠處於運動之中，它的作用是無窮無盡的；它是那麼清澈幽遠啊，好像是滋生和造就萬物的宗主。它挫去萬物的鋒芒和稜角；化解它們之間的紛紛擾擾；調和它們的光芒，使其更加柔和而不耀眼；使萬物與塵垢混同為一，而不過分突顯或者標榜誰。它是那麼清澈透明啊，若隱若現，但又確實是真實存在的。我不知道它是由誰產生的，只知道它在天帝之前就已經存在了。

四十九（通行本第五章）

帛書甲本：

天地不仁[1]，以萬物爲芻狗[2]；聲[3]人不仁，以百省[4]□□狗。天地□□□猶橐籥與[5]？虛而不淈[6]，蹱[7]而俞[8]出。多聞[9]數窮，不若守於中。

帛書乙本：

天地不仁，以萬物爲芻狗；耶[10]人不仁□百姓爲芻狗。天地之間，其猶橐籥與？虛而不淈，動[11]而俞出。多聞數窮，不若守於中。

王弼注本（五章）：

天地不仁，以萬物爲芻狗；聖人不仁，以百姓爲芻狗。天地之間，其猶橐籥乎？虛而不屈，動而愈出。多言數窮，不如守中。

河上公本（虛用第五）：

天地不仁，以萬物爲芻狗；聖人不仁，以百姓爲芻狗。天地之間，其猶橐籥乎？虛而不屈，動而愈出。多言數窮，不如守中。

【註釋】①不仁：《說文》：「仁，親也。」《韓詩外傳》：「愛由情出謂之仁。」不仁，謂天地、聖人沒有分別心，不會親近、偏愛任何人或物，也不成心標榜仁義，對萬物眾生一視同仁、平等對待、無憎無愛。王弼注：「天地任自然，無為無造，萬物自相治理，故不仁也。仁者必造立施化，有恩有為。造立施化，則物失其真；有恩有為，列物不具存，則不足以備載矣。」②芻（chú）狗：芻，草。古代祭祀時用草紮成的狗，在祭祀之前是很受人們重視的祭品，但用過以後即被丟棄。《莊子·天運》：「夫芻狗之未陳也，盛以篋衍，巾以文繡，屍祝齋戒以將之；及其已陳也，行者踐其首脊，蘇者取而爨之而已。」陸德明釋文引李頤曰：「芻狗，結芻為狗，巫祝用之。」《淮南子·齊俗訓》：「譬若芻狗土龍之始成，文以青黃，絹以綺繡，纏以朱絲，屍祝袀袨，大夫端冕，以送迎之。及其已用之後，則壤土草芥而已，夫有孰貴之。」天地對待萬物亦如此，萬物不論貴賤皆被賦予生命，而待生命消亡時，也不曾有絲毫仁善猶豫。《陰符經·中篇》：「天生天殺，道之理也。」天地生萬物，不是因為仁慈心；天地殺萬物，也不是因為殘酷心。天地有仁慈之心，只是人類感情的投射。《莊子·庚桑楚》：「至仁無親。」看似無情，實際上正是無情才能無所偏私，真正做到視萬物為平等。③聲：假借為「聖」。④百省：百姓。「省」，通「眚」；「眚」又通「生」。故百省即百生，也就是百姓。「百姓」在古金文中均作「百生」。⑤橐籥（tuó yuè）：古代冶煉時用以鼓風吹火的裝置，猶今之風箱。亦作「橐爚」。與：同「歟」。句末語氣詞，表示疑問、感嘆、反詰等。⑥淈（gǔ）：通「屈」，枯竭。《荀子·宥坐》：「其（指水）洸洸乎不淈盡，似道。」⑦踵：假借為「動」。帛書乙本作「勭」；

北大漢簡本、通行本作「動」。⑧俞：古同「愈」。更加。⑨多聞：聞，知識、見聞。北大漢簡本亦作「多聞」，通行本作「多言」。⑩耶：同「聖」。⑪動：假借為「動」。

【譯文】天地沒有仁愛之心，對待萬物眾生就像祭祀用的草狗一樣，任其自生自滅；聖人沒有分別心，不刻意標榜仁義，對待百姓就像祭祀的草狗一樣，一視同仁，無憎無愛。天地之間這個巨大的空間，難道不是像個巨大的風箱嗎？雖然空虛卻永遠不會枯竭，越是用力推拉鼓動，出風越多。越是向外追求知識、見聞，就會離道越來越遠，使自己越來越困窘；不如返身內求、精神內守，這樣才能與道合一，（如同上面所講的大風箱一樣）獲得源源不斷的智慧和力量。（政令繁多會招致敗亡，不如保持清靜無為的狀態。）

五十（通行本第六章）

帛書甲本：

浴神□死，是胃玄牝[①]。玄牝之門[②]，是胃□地之根。緜緜呵[③]若存，用之不堇[④]。

帛書乙本：

浴神不死[⑤]，是胃玄牝，玄牝之門，是胃天地之根。緜緜呵其若存，用之不堇。

王弼注本（六章）：

谷神不死，是謂玄牝。玄牝之門，是謂天地根。綿綿若存，用之不勤。

河上公本（成象第六）：

谷神不死，是謂玄牝。玄牝之門，是謂天地根。綿綿若存，用之不勤。

【註釋】①胃：通「謂」。說，叫作。玄：深奧、玄妙。牝：本義指雌性的鳥獸，與「牡」相對。《說文》：「牝，畜母也。」比喻畜養萬物的母性。玄牝：玄奧的母體。比喻造化生育萬物之根本，亦即天地萬物之母，即道之別稱。②玄牝之門：門，指產門。玄牝之門，本義指雌性的產門，以比喻大道之門，是天地萬物產生的根源。《八仙注》：「玄牝之門，念頭起處；是謂天地根，呼接天根，吸接地基。玄雖麗於無，而實陽神之所宅也；牝似麗於有，而即陰神之主也。《易》曰『一陰一陽之謂道』，然則玄牝之門非即天地之所託始乎？且陰陽無形無象而靜涸動闢，正無非陰陽也。門司闔辟，故以是況之。」③緜緜：同「綿綿」。連綿不絕的樣子。比喻道化育萬物而生生不息的狀態。呵（ā）：表示驚異或讚嘆。同「啊」。用法同「兮」。④堇：通「勤」，又通「盡」，竭、完。《淮南子·主術》：「力勤則匱。」⑤浴神：浴，通「谷」。《說文·水部》朱駿聲《通訓定聲》：「浴，假借為谷。」谷，山谷，即山與山之間的空域，山谷真實存在卻又空虛無形；谷口往往有泉水流出，有生生不息之象。比喻道的形態。神，商周時期通「申」，「申」的古字形是天空中閃電的形象，古人認為閃電變化莫測，威力無窮，故稱之為「神」，以喻指道的特點。不死，即永恒，喻指道的本質。谷、神、不死，是對道的形態、特點和本質進行了形象的比喻，「谷神」因此成了「道」的代名。谷神不死，即大道生生不息的意思。司馬光說：「中虛故曰谷，不測故曰神，天地有窮而道無窮，故曰不死。」嚴復說：「以其虛，故曰谷；以其因應無窮，故稱神；以其不屈愈出，故曰不死。三者皆道之德也。」

【譯文】大道空虛而又真實存在，變化莫測，威力無窮，孕育萬物，生生不息，好像是幽深玄妙的母體。這個母體的產門，就是天地得以產生的根源。它的作用連綿不斷，若隱若現，若有若無，取之不盡，用之不竭。

五十一（通行本第七章）

帛書甲本：

天長地久。天地之所以能□且久者，以其不自生也，故能長生。是以聲[①]人芮[②]其身而身先，外其身而身存。不以其無□輿[③]？故能成其私。

帛書乙本：

天長地久。天地之所以能長且久者，以其不自生也，故能長生。是以耶[④]人退其身而身先，外其身而身先，外其身而身存。不以其無私輿？故能成其私。

王弼注本（七章）：

天長地久。天地所以能長且久者，以其不自生，故能長生。是以聖人後其身而身先；外其身而身存。非以其無私邪？故能成其私。

河上公本（韜光第七）：

天長地久。天地所以能長且久者，以其不自生，故能長生。是以聖人後其身，而身先，外其身，而身存。非以其無私邪？故能成其私。

【註釋】①聲：假借為「聖」。②芮：假借為「退」。音近相假。帛書乙本作「退」，北大漢簡本、通行本作「後」。③輿：通「歟」。句末語氣助詞，表示疑問、感嘆、反詰等。④耶：同「聖」。

【譯文】天地長久存在，天地滋生化育萬物生生不息。天地之所以能夠長久存在，是因為天地完全不是為了自己而存在和生養萬物，施恩澤於萬物而不求回報，所以才能得以長久存在。因此聖人謙卑退讓，不爭強好勝，反而能夠得到眾人的擁戴和追隨；將自身的名利欲望置之度外，擺脫名韁利鎖的束縛，反而能夠保全自身，處處皆能自在安身，即使身死，其道永存。不正是因為聖人無私嗎？這樣反而能夠成就自己的德性和事業。

五十二（通行本第八章）

帛書甲本：

上善治水[①]。水善利萬物，而有靜[②]居衆之所惡，故幾[③]於道矣。居善地，心善潚[④]，予善信[⑤]，正善治，事善能，蹱[⑥]善時。夫唯不靜[⑦]，故無尤。

帛書乙本：

上善如水。水善利萬物，而有爭居衆人之所亞[⑧]，故幾於道矣。居善地，心善淵，予善天，言善信，正善治，事善能，動善時。夫唯不爭，故無尤。

王弼注本（八章）：

上善若水。水善利萬物而不爭，處衆人之所惡，故幾於道。居善地，心善淵，與善仁，言善信，正善治，事善能，動善時[⑨]。夫唯不爭，故無尤。

河上公本（易性第八）：

上善若水。水善利萬物而不爭，處衆人之所惡，故幾於道。居善地，心善淵，與善仁，言善信，正善治，事善能，動善時。夫唯不爭，故無尤。

【註釋】①上善治水：上等的善就如同大禹治水一樣，在治國理政或解決問題時，採用合理疏導、因勢利導的方式，而不是一味封堵、堵截。《國語·周語上》：「防民之口，甚於防川，川壅而潰，傷人必多，民亦如之。是故為川者，決之使導；為民者，宣之使言。」一說，「治」當訓讀為「佁」，通「似」，好像、如同。帛書乙本、北大漢簡本作「如」，通行本作「若」。②有靜：有，通「又」。靜，通「爭」。帛書乙本、北大漢簡本作「有爭」，通行本作「不爭」。③幾（jī）：接近；達到。《爾雅》：「幾，近也。」④潚（sù）：水深而清澈；迅疾。《說文》：「（潚）深清也。又疾也。」一說通「淵」。⑤予善信：施恩於人的時候講信用。一說應為「予善天，言善信」，脫漏「天言善」三字。⑥蹱：假借為「動」。⑦靜：假借為「爭」。⑧亞：通「惡」。厭惡。⑨居善地，心善淵，與善仁，言善信，正善治，事善能，動善時：這幾句都是在描述上善之人效法水的德性時所呈現出的狀態。其中的「善」字均是雙關語。大致可以理解為：上善之人，其居之善，在於地；其心之善，在於淵；其與之善，在於仁；其言之善，在於信；其正（通「政」）之善，在於治；其事之善，在於能；其動之善，在於時。蘇轍《老子解》：「（水）避高趨下，未嘗有所逆，善地也；空虛靜默，深不可測，善淵也；利澤萬物，施而不求報，善仁也；圓必旋，方必折，決必流，塞必止，善信也；洗滌群穢，平準高下，善治也；遇物賦形，而不留於一，善能也；冬凝春泮，涸溢不失節，善時也。有善而不免於人非者，以其爭也。水唯不爭，故兼七善而無尤。」《八仙注》：「居善地，利物無澤；心善淵，容物有養；與善仁，生物不盈；言善信，應物勿爽；政善治，化物清平；事善能，成物曲直；動善時，順物節度。居善地者，言水自高趨下，必有歸宿是也，非善地而何？心善淵者，其源不窮，其流不竭也，非善淵而何？與善仁者，恩波廣沛，放之皆準是也，非善仁而何？言善信者，導則流，塞則止也，非善信而何？政善治者，優渥田疇，滋潤枯槁是也，非善政而何？事善能者，可大可小，可短可長是也，非善能而何？動善時者，冬則堅凝，春則泮釋是也，非善時而何？而上善與之同焉。此節俱是雙關語，雖只言水，而言上善在其中。」

【譯文】上善之人（即得道之人）的德性就像水一樣。（上等的善就如同大禹治水一樣，在治國理政或解決問題時，採用合理疏導、因勢利導的方式，而不是一味封堵。）水善於利益萬物，而又主動居於眾人都厭惡的低窪之處，所以水的狀態最接近於大道。上善之人效法水的德性，他主動居於貼近大地的卑下之位，他居住在哪裏，哪裏的人就會被他謙虛的美德感化向善；他的心像大海一樣，清澈透明，淵深寬廣，包容一切；他像天地生養萬物那樣施恩惠於人而不求回報；他說話誠實無欺，說到做到；他善於通過自然無為、潤物無聲的方式治理國家，維持社會公平公正；他做事很有能力，能夠實事求是、持經達變，具體問題具體分析，以不變應萬變，不論任何場合或者機緣，都能通過圓融周到的方式妥善解決，而不會拘泥於一技之長；他付出行動時善於觀察和把握時節因緣，做事契理契機。正是因為他不爭名奪利，不爭強好勝，所以不會有過失。

五十三（通行本第九章）

帛書甲本：

揰而盈之[1]，不□□□□□兌[2]之，□可常葆[3]之。金玉[4]盈室，莫之守也。貴富而驕[5]，自遺咎[6]也。功述身芮[7]，天□□□

帛書乙本：

揰而盈之，不若其已；揣而兌之[8]，不可長葆也。金玉□室，莫之能守也。貴富而驕，自遺咎也。功遂身退，天之道也。

王弼注本（九章）：

持而盈之，不如其已；揣而棁[9]之，不可長保。金玉滿堂，莫之能守。富貴而驕，自遺其咎。功遂身退，天之道。

河上公本（運夷第九）：

持而盈之，不如其已；揣而銳之，不可長保。金玉滿堂，莫之能守。富貴而驕，自遺其咎。功成名遂身退，天之道。

【註釋】①揰（zhì）而盈之：揰，握持。《集韻》：「揰，持也。」盈，盈滿。揰而盈之，即持盈，以用力緊緊握住的方式保持盈滿或保守成業。本章闡述的是物極必反、防盈戒滿、戒驕守謙、功成身退的道理。

世人皆追求盈滿，而事物的發展規律是物極必反、盛極則衰，譬如日中則昃、月盈則虧、水滿則溢。故天道忌滿，人道忌全。《尚書·虞書·大禹謨》云：「滿招損，謙受益，時乃天道。」《左傳·哀公十一年》：「盈必毀，天之道也。」《管子·白心》：「持而滿之，乃其殆也。名滿於天下，不若其已也。」《易·謙》：「謙，亨。天道下濟而光明，地道卑而上行。天道虧盈而益謙，地道變盈而流謙，鬼神害盈而福謙，人道惡盈而好謙。謙尊而光，卑而不可逾，君子之終也。」《韓詩外傳》記載，周成王將魯國的土地分封給周公的長子伯禽，周公告誡伯禽說：「往矣，子勿以魯國驕士。吾聞之，德行寬裕，守之以恭者榮；土地廣大，守之以儉者安；祿位尊盛，守之以卑者貴；人眾兵強，守之以畏者勝；聰明睿智，守之以愚者哲；博聞強記，守之以淺者智。夫此六者，皆謙德也。故《易》有一道，大足以守天下，中足以守國家，小足以守其身，謙之謂也。」孔子也曾有類似的論述。《荀子·宥坐》載：孔子觀於魯桓公之廟，有欹器焉。孔子問於守廟者曰：「此為何器？」守廟者曰：「此蓋為宥坐之器。」孔子曰：「吾聞宥坐之器者，虛則欹，中則正，滿則覆。」孔子顧謂弟子曰：「注水焉！」弟子挹水而注之。中而正，滿而覆，虛而欹。孔子喟然而嘆曰：「吁！惡有滿而不覆者哉！」子路曰：「敢問持滿有道乎？」孔子曰：「聰明聖知，守之以愚；功被天下，守之以讓；勇力撫世，守之以怯；富有四海，守之以謙。此所謂挹而損之之道也。」《格言聯璧》：「謙卦六爻皆吉，恕字終身可行。」《了凡四訓》：「惟謙受福。」曾國藩認為人生最好的境界就是「花未全開月未圓」，並將自己的書房命名為「求闕齋」，正是此意。②兑：通「銳」。尖銳，鋒利。此處用作動詞，使尖銳、鋒利。③葆：通「保」。保持；保護。④金玉：金銀、青銅器、玉器等稀有貴重之物。在古代多用作禮器。比喻貴族的地位、權力、財富等。⑤驕：同「驕」。傲慢；驕矜。《說文解字注》：「（驕）馬高六尺為驕。一曰野馬。凡驕恣之義當是由此引申。」《左傳‧定公十三年》：「富而不驕者鮮，吾唯子之見，驕而不亡者，未之有也。」《史記‧魏世家》：「夫諸侯而驕人則失其國，大夫而驕人則失其家。」⑥咎（jiù）：災禍。《說文》：「咎，災也。」⑦述：假借為「遂」。芮：通「退」。⑧揣（zhuī）而兌之：揣，同「揣」，捶擊。兌，通「銳」，尖銳，鋒利。通過捶擊鍛打使物體變得極其銳利。比喻人喜歡表現自己，銳氣凌人，鋒芒畢露。⑨棁：通「銳」。

【譯文】想要通過緊緊握住的方式保持盈滿的狀態，是不可能做到的，抓得越緊，失去的也就越快，不如適當放手、適可而止。通過捶擊鍛打使鋒刃變得極其銳利（比喻鋒芒畢露、銳氣凌人），其鋒刃不可能長期保持尖銳的狀態。將金銀玉器等稀世珍寶擺滿屋子（比喻誇示炫耀功名利祿），是沒有辦法守住的。身處富貴，卻驕傲自滿、盛氣凌人，這是自取其禍。功成名就之時，能夠不居功自傲，不貪戀功名權位，而是激流勇退，這是符合天道的做法。

五十四（通行本第十章）

帛書甲本：

□□□□□□□□□□□□□□能嬰兒乎？脩除玄藍[①]，能毋疵乎？□□□□□□□□□□□□□□□□□□□□□□□□□□生之畜之，生而弗□□□□□□□□□□德。

帛書乙本：

載營袙抱一[②]，能毋離乎？槫[③]氣至柔，能嬰兒乎？脩除玄監[④]，能毋有疵乎？愛民栝國[⑤]，能毋以知[⑥]乎？天門啓闔[⑦]，能爲雌乎？明白四達[⑧]，能毋以知乎？生之畜之，生而弗有，長而弗宰也，是胃[⑨]玄德。

王弼注本（十章）：

載營魄抱一，能無離乎？專氣致柔，能嬰兒乎？滌除玄覽[⑩]，能無疵乎？愛民治國，能無知乎？天門開闔，能無雌乎？明白四達，能無爲乎？生之畜之，生而不有，爲而不恃[⑪]，長而不宰，是謂玄德。

河上公本（能為第十）：

載營魄抱一，能無離？專氣致柔，能嬰兒？滌除玄覽，能無疵？愛民治國，能無知？天門開闔，能無雌？明白四達，能無知？生之畜之，生而不有，爲而不恃，長而不宰，是謂玄德。

【註釋】①脩除玄藍：脩，打掃、洗滌。《禮記·中庸》：「春秋脩其祖廟，陳其宗器。」鄭玄注：「脩，謂掃糞也。」又，假借為「滌」。《說文通訓定聲》：「脩，假借為滌。」藍，通「監」，又通「鑑」（同「鑒」）。監，甲骨文字形，左邊是一個人睜大眼睛在往下看，右邊是個器皿。金文又在器皿上加一小橫，表示器中有水。古人以水為鏡，「監」就是一個人彎著腰，睜大眼睛，從器皿的水中照看自己的面影。監即是關照、借鑑，引申為照人之物。《廣韻》：「鑑，鏡也。亦作監。」玄藍，即玄鑒，玄妙之鏡，即「心鏡」。通過滌除妄念，使人心靈深處明澈如鏡、深邃靈妙。②載營袙抱一：載，假設、設使、如果。《詞詮》：「載，假設連詞，設也。」營，魂，人的陽神（一說營指肉體）；袙，同「魄」，人的陰神。抱一，即合一，謂魂魄合而為一，二者合一即合於道。《憨山注》：營，舊注為魂。《楚辭》云：「魂識路之營營。」概營營，猶言惺惺，擾動貌。然魂動而魄靜，人乘此魂魄而有思慮妄想之心者。故動則乘魂，營營而亂想；靜則乘魄，昧昧而昏沉。是皆不能抱一也。故《楞嚴》曰「精神魂魄，遞相離合」是也。今抱一者，謂魂魄兩載，使合而不離也。魂與魄合，則動而常靜，雖惺惺而不亂想。魄與魂合，則靜而常動，雖寂寂而不昏沉。道若如此，常常抱一而不離，則動靜不異，寤寐一如。③槫（tuán）：通「摶」。聚結。④監：通「鑑」。鏡子。⑤栝國：假借為「治」，治理。一說通「恬」，安靜、安然。陸德明《經典釋文》：「恬，本或作栝。」栝國，即恬國，使國家安定。⑥知：同「智」。智巧。⑦天門啟闔：天門，有多種解釋。一說指耳目口鼻等人的感官；一說指興衰治亂之根源；一說是指自然之理；一說是指人的心神出入即意念和感官的配合等。此處依「感官說」。啟闔，開啟和閉合。⑧明白：與政令有關。指政令暢通，普遍知道。《墨子·旗幟》：「建旗其署，令皆明白知之，曰某子旗。」四達：舊指治民的四件大事，即禮、樂、刑、政。《禮記·樂記》：「禮樂刑政，四達而不悖，則王道備矣。」明白四達，比喻政令暢通、天下大治。⑨胃：通「謂」。叫作。⑩覽：通「鑨」，即「鑑」。鏡子。⑪恃：依賴。引申為要求回報。

【譯文】假如使形體和魂魄合而為一，能做到不分開嗎？凝神聚氣以至於柔和溫順，能做到像嬰兒那樣無知無欲嗎？清除妄想雜念而使心明如鏡，能做到沒有瑕疵嗎？慈愛百姓，治理國家，能做到不使用心機和智巧嗎？開啟、閉合耳目口鼻等感官，與天地自然等外在環境產生能量和信息交流時，能夠保持柔弱的狀態嗎？政令暢通，禮樂刑政井然有序，實現天下大治，能夠不使用智巧嗎？聖明的君王遵循大道幫助萬物滋生、成長，生養萬物而不據為己有，（幫助萬物而不求取回報。）成全萬物而不控制它們，這就是最高深的德性。

五十五（通行本第十一章）

帛書甲本：

卅[1]□□□□□其無□□之用□燃埴爲器[2]，當其無，有埴器□□□□□□□當其無，有□□用也。故有之以爲利，無之以爲用。

帛書乙本：

卅楅同一轂[3]，當其無，有車之用也[4]。燃埴而爲器，當其無，有埴器之用也。鑿戶牖[5]，當其無，有室之用也。故有之以爲利，無之以爲用。

王弼注本（十一章）：

三十輻共一轂，當其無，有車之用。埏埴以爲器，當其無，有器之用。鑿戶牖以爲室，當其無，有室之用。故有之以爲利，無之以爲用。

河上公本（無用第十一）：

三十輻共一轂，當其無，有車之用。埏埴以爲器，當其無，有器之用。鑿戶牖以爲室，當其無有室之用。故有之以爲利，無之以爲用。

【註釋】①卅（sà）：數詞。三十。②埏埴（shān zhí）為器：埏，同「挻」，用水和土；埴，黏土、泥土。《說文》：「埴，黏土也。」。揉和黏土製作土器、陶器。③輻（fú）：通「輻」，輻條，連接軸心和輪圈的直條。古時的車輪由三十根輻條所構成。《說文》：「輻，輪轑也。」《三禮名物通釋》：「輻凡三十。一端入轂，曰菑；一端入牙，曰蚤。」《周禮·考工記》：「輪輻三十，以象日月也。」轂（gǔ）：車輪中心，有洞可以插軸的部分。《說文》：「轂，輻所湊也。」《六書故》：「輪之中為轂，空其中，軸所貫也。輻湊其外。」《周禮·考工記》：「轂也者，以為利轉也。」④當其無，有車之用也：這裏的「無」，指的是輻條之間的空隙。多數版本將這裏的「無」解釋為車軸圓孔的空洞。筆者認為此處更加著重強調的是「輻」的作用。正是有了輻條的存在，使車輪更加輕巧，更加利於車輛行進。試想，假如沒有輻條，那麼車輪就成了一塊圓形的木板，很顯然這樣的車輪是笨重易損的，是不利於車輛行進的。⑤戶牖（yǒu）：門和窗。《說文》：「牖，穿壁以木為交窗也。」

【譯文】三十根輻條呈發散狀共同安裝在一個輪轂上，正是有了輻條之間的空隙存在，才更加有利於車輪的行進，更好發揮出車輛的作用。摶揉黏土製作土器、陶器，正是因為這些器具是中空的，才能發揮裝東西的作用。開鑿門窗修建房屋，正是因為有了牆壁之間空虛的部分，才產生了房屋可以供人居住的作用。所以，各種事物的物質存在的實體部分之所以能夠給人帶來便利，正是因為同時存在的空無的部分，才使其能夠發揮功用。正所謂：「無用之用，是為大用。」

五十六（通行本第十二章）

帛書甲本：

五色[1]使人目明[2]，馳騁田臘[3]使人□□□難得之價[4]使人之行方[5]，五味[6]使人之口啗[7]，五音[8]使人之耳聾。是以聲[9]人之治也，爲腹而不□□故去罷耳此[10]。

帛書乙本：

五色使人目盲，馳騁田臘使人心發狂，難得之貨使人之行仿[11]，五味使人之口爽，五音使人之耳□是以聖[12]人之治也，爲腹而不爲目[13]，故去彼而取此[14]。

王弼注本（十二章）：

五色令人目盲，五音令人耳聾，五味令人口爽，馳騁畋獵令人心發狂，難得之貨令人行妨[15]。是以聖人爲腹不爲目，故去彼取此。

河上公本（檢欲第十二）：

五色令人目盲，五音令人耳聾，五味令人口爽，馳騁畋獵令人心發狂，難得之貨令人行妨。是以聖人爲腹不爲目，故去彼取此。

【註釋】①五色：指青、黃、赤、白、黑五種顏色，即黑白加三原色。古代以此五者為正色。理論上，通過這五種顏色可調出其他所有顏色。故可泛指各種色彩。②目明：除北大漢簡本作「眊」以外，諸本均作「盲」。「明」當為「盲」之訛。目盲，即失明，俗稱眼瞎，指目茫茫無所見。此處比喻讓人眼花繚亂。③馳騁（chěng）：縱馬奔馳。田臘：田，古同「畋（tián）」，打獵。《尚書·無逸》：「不敢盤於遊田。」臘，通「獵」。《禮記·月令》：「臘先祖五祀。」鄭玄注：「臘，謂以田獵所得禽祭也。或言祈年，或言大割，或言臘，互文。」《風俗通義·祀典》：「臘者，獵也。言田獵取獸，以祭祀其先祖也。」田臘，即畋獵，打獵。④難得之𧶠（huò）：𧶠，同「貨」。難得之貨，除了指金銀珠玉等奇珍異寶之外，也比喻名利權位等。⑤方：方，通「妨」，妨礙、妨害、傷害。一說，通「放」，放縱、放蕩。北大漢簡本亦作「方」，帛書乙本作「仿」，通行本作「妨」。⑥五味：酸、苦、甘、辛、鹹五種味道。泛指多種多樣的美味。⑦口㗋（shuǎng）：㗋，同「爽」。《廣雅·釋詁》：「爽，傷也，敗也。」《百喻經·愚鹽》：「愚人無智，便空食鹽，食已口爽，返為其患。」口爽，指味覺失靈。⑧五音：指宮、商、角、徵、羽五種音調。這裏泛指多種多樣的音樂聲。⑨聲：假借為「聖」。⑩去罷耳此：罷，又音pí，假借為「彼」，音近相假。耳，假借為「取」，形近相假。⑪仿：仿，通「放」，放縱、放蕩。《說文解字注》：「放、仿古通用。」一說通「妨」。⑫耶：同「聖」。⑬為腹而不為目：只求溫飽安寧，而不為縱情聲色之娛。「腹」在這裏代表一種簡樸寧靜的生活方式；「目」代表一種巧偽多欲的生活方式。延伸開來，聖明的君主治國，要做務實的事，讓百姓得到實實在在的實惠，而不是搞一些花裏胡哨的形象工程。⑭去彼取此：摒棄物欲的誘惑，而保持安定知足的生活。「彼」指「為目」的生活；「此」指「為腹」的生活。⑮行妨：妨，妨礙、妨害。這裏有兩層意思。一方面，擁有「難得之貨」的人，為了避免被人偷盜搶奪，不免會使自己產生防備心理，時刻提心吊膽，從而妨礙自己的行動，使自己行動不便、處處受限，因心有所掛礙故。另一方面，會助長別人的貪欲和覬覦之心，使人放縱欲望，甚至引發偷盜、搶奪、欺詐等不法行為。《左傳·桓公十年》：「匹夫無罪，懷璧其罪。」故老子主張「不貴難得之貨」。當一個人不看重難得之貨，淡泊名利，才能心無掛礙、無欲則剛。《心經》云：「無掛礙故，無有恐怖，遠離顛倒夢想。」

【譯文】五彩繽紛的色彩，使人眼花繚亂、視力受損，不能正確辨識事物；縱情騎馬追逐，沉迷於獵殺動物，使人癲狂暴躁、精神失常；收藏金銀財寶，貪圖名利權位，使人的心態有所掛礙，行動失去自由，不得解脫，同時會助長別人的貪欲，甚至引發不法行為；各種各樣的厚味佳餚，使人味覺失靈，難以品嘗天然的美味；各種各樣的音樂聲，使人聽覺受損，無法感知天籟之音。所以，聖明的君主治理天下，要注重經營百姓賴以生存的根本，使百姓填飽肚子，要做務實的事，讓百姓得到實實在在的實惠，而不是追逐聲色之娛，不是搞花裏胡哨的形象工程。所以摒棄物欲的誘惑而保持安定知足的生活方式。

五十七（通行本第十三章）

帛書甲本：

龍辱若驚[1]，貴大梡若身[2]。苛胃[3]「龍辱若驚」？龍之爲下[4]。得之若驚，失之若驚，是胃「龍辱若驚」。何胃貴大梡若身？吾所以有大梡者，爲吾有身也；及吾無身，有何梡？故貴爲身於爲天下，若[5]可以迈[6]天下矣；愛以身爲天下，女[7]可以寄天下。

帛書乙本：

弄[8]辱若驚，貴大患若身。何胃「弄辱若驚」？弄之爲下也。得之若驚，失之若驚，是胃「弄辱若驚」。何胃貴大患若身？吾所以有大患者，爲吾有身也；及吾無身，有何患？故貴爲身於爲天下，若可以橐[9]天下□愛以身爲天下，女可以寄天下矣。

王弼注本（十三章）：

寵辱若驚，貴大患若身。何謂「寵辱若驚」？寵爲下，得之若驚，失之若驚，是謂「寵辱若驚」。何謂貴大患若身？吾所以有大患者，爲吾有身；及吾無身，吾有何患？故貴以身爲天下，若可寄天下；愛以身爲天下，若可託天下。

河上公本（猒恥第十三）：

寵辱若驚，貴大患若身。何謂寵辱？辱爲下[10]，得之若驚，失之若驚，是謂「寵辱若驚」。何謂貴大患若身？吾所以有大患者，爲吾有身；及吾無身，吾有何患？故貴以身爲天下者，則可寄於天下；愛以身爲天下者，乃可以託於天下。

【註釋】①龍辱若驚：龍，通「寵」。《廣雅·釋言》：「龍，寵也。」王念孫疏證：「龍，寵聲相近，故古人以二字通用。」驚，內心紛亂不平貌。《呂氏春秋》：「莫敢直言，其生若驚。」意思是，受寵則驚喜，受辱則驚恐，不論是受到恩寵還是折辱，內心都是紛亂不平的。寵辱禍福，彼此相依，寵是辱之基，人不爭榮寵，辱從何來？辱是寵之本，不忍辱負重，榮寵又何來？所以受寵時既感到榮耀又內心不安，受辱時既感到羞恥卻又充滿期待。②貴大梡若身：梡，假借為「患」，憂慮、患得患失。《說文》：「患，憂也。」《論語·陽貨》：「其未得之也，患得之；既得之，患失之。苟患失之，無所不至矣！」意思是，患得患失，把榮辱得失看作和生命一樣重要。③苛胃：苛，假借為「何」；胃，通「謂」。即何謂。④龍之為下：即寵之為下。蘇轍《老子解》：「所謂『寵辱』非兩物也。辱生於寵而世不悟，以寵為上而以辱為下者皆是也。若知辱生於寵，則寵固為下矣。」《八仙注》：「世人得寵而榮，僉以寵為上，而不知寵實為下矣。所以然者，寵乃辱之返，亦即辱之因。從來受大辱者，未有不自大寵來。如是而寵不為下乎？」寵之為下，人受寵本身就意味著自己處於卑下之位，將自身的得失寄託在別人身上；所以人一旦有了「寵辱」之見，這本身就已經是把自己看低了。⑤若：你，汝。這裏的「若」和下句的「女」

都是「你」的意思。多數版本解釋為「就、才」，如果是這樣的話，後面的「女」則解釋不通。⑥迮（tuō）：同「託」。《說文》：「託，寄也。」寄託，託付。⑦女：古同「汝」。你。《詩·魏風·碩鼠》：「三歲貫女。」《論語·為政》：「子曰：由！誨女知之乎？」⑧弄：本義為用手把玩。引申為寵愛、親近。《說文》：「弄，玩也。」《詩·小雅·斯干》：「載弄之璋，載弄之瓦。」《漢書·周昌趙堯傳》：「高祖持御史大夫印，弄之。」再比如，弄臣帝王所親近狎昵的臣子。⑨橐（tuō）：通「托」，依附、依託。《韓非子·五蠹》：「重爭士橐。」⑩辱為下：帛書本、北大漢簡本、王弼注本均作「寵為下」。勞健《老子古今考》：「『寵為上，辱為下』，景福本如此。傅、范與開元本、諸王本皆作『寵為下』一句，景龍與河上作『辱為下』一句。以景福本證之，知二者皆有闕文。道藏、陳景元、李道純、寇才質諸本並如景福，亦作二句。陳云：河上本作『寵為上，辱為下』，於經義完全，理無迂闊。知古河上本原不闕上句。按『寵辱』，謂寵辱之見也；『為上』『為下』，猶第六十一章『以其靜為下』『大者宜為下』，諸言為下之見也。蓋謂以為上為寵，以為下為辱，則得之失之，皆有以動其心，其驚惟均也。若從闕文作『寵為下』一句而解，如以受寵者為下，故驚得如驚失，非其旨矣。作『辱為下』一句者，更不可通。」此說亦有一定道理，故兩存之。

【譯文】人們往往在受寵時感到驚喜得意，受辱時感到驚恐不安，不論受寵還是受辱，內心總是紛亂不平的；把自己的榮辱得失看作像生命一樣重要，當一個人把榮辱得失看作像生命一樣重要的時候，那麼榮辱得失也就成了巨大的憂患。那麼甚麼叫作「寵辱若驚」

呢?人受寵本身就意味著自己居於卑下之位,將自身的得失寄託在別人身上,而人一旦有了「寵辱」之見,這本身就已經是在貶低、辱沒自己了,所以寵就是辱、寵辱不二;得到恩寵就驚喜,失去恩寵就驚恐,這就叫作「寵辱若驚」。甚麼叫作「貴大患若身」呢?我之所以有大的憂患,正是因為「我執」太重,把自身的名利、榮辱、得失看得太重;如果能夠將自己的名利、榮辱、得失置之度外,達到「無我」的狀態,那麼我有甚麼可憂患的呢?所以,你如果能夠把天下國家看作如同自身的生命一樣貴重,也就是能夠將個人的「小我」融入天下國家的「大我」之中,就可以把天下寄託在你身上了;你如果能夠像愛自己那樣熱愛天下國家,能夠將自己的全部身心奉獻給天下國家,你就可以承擔天下人的託付了。

五十八（通行本第十四章）

帛書甲本：

視之而弗見，名之曰微[①]；耳聽之而弗聞，名之曰希[②]；捪[③]之而弗得，名之曰夷[④]。三者不可至計[⑤]，故園[⑥]□□□一者，其上不攸[⑦]，其下不忽[⑧]。尋尋呵[⑨]不可名也，復歸於無物。是胃[⑩]無狀之狀，無物之□□□□□□□□□□□□□而不見其首。執今之道，以御今之有，以知古始[⑪]，是胃□□

帛書乙本：

視之而弗見□之曰微；聽之而弗聞，命之曰希；捪之而弗得，命之曰夷。三者不可至計，故緒[⑫]而爲一。一者，其上不謬[⑬]，其下不惚[⑭]，尋尋呵不可命也，復歸於無物。是胃無狀之狀，無物之象，是胃沕望[⑮]。隨而不見其後，迎而不見其首。執今之道，以御今之有，以知古始，是胃道紀[⑯]。

王弼注本（十四章）：

視之不見名曰夷，聽之不聞名曰希，搏之不得名曰微。此三者，不可致詰[⑰]，故混而爲一。其上不皦[⑱]，其下不昧。繩繩[⑲]不可名，復歸於無物。是謂無狀之狀，無物之象，是謂惚恍。迎之不見其首，隨之不見其後。執古之道，以御今之有，能知古始，是謂道紀。

河上公本（贊玄第十四）：

視之不見名曰夷，聽之不見名曰希，摶之不得名曰微。此三者不可致詰，故混而爲一。其上不皦，其下不昧。繩繩不可名，復歸於無物。是謂無狀之狀，無物之象，是爲忽恍。迎之不見其首，隨之不見其後。執古之道，以御今之有，能知古始，是謂道紀。

【註釋】①微：無形跡，此處形容不可見。《小爾雅·廣詁》：「微，無也。」吳澄注：「微則杳漠無形。」又指隱約不明；精妙幽深。《書·大禹謨》：「人心惟危，道心惟微，惟精惟一，允執厥中。」帛書老子整理小組將此字釋為「聲」，字書無此字。筆者認為，因古書為豎寫，此字應為「微」，而其中的「耳」似應斷入下句，即「耳聽之而弗聞」為妥。北大漢簡本、通行本作「夷」。②希：寂靜無聲，此處形容聽不到。陸德明《經典釋文》：「希，靜也。」《德經·三》：「大音希聲。」③捪（mín）：同「播」。撫，摹。《說文》：「撫也。一曰摹也。」通行本作「摶」。④夷：平坦、平順、光滑。此處形容觸摸不到。《莊子·胠篋》：「夫川竭而谷虛，丘夷而淵實。」⑤三者：指微、希、夷，即道看不見、聽不到、摸不著的虛無形態。至計：至，通「致」，極致、徹底；計，推算，考察。徹底地推算、考察。⑥圂（hùn）：同「混」。混合。⑦攸：遙遠、長遠、遼遠。帛書乙本作「謬」，通行本作「皦」，北大漢簡本作「杲」。⑧忽：忽微；模糊不清；易於被忽略的。北大漢簡本作「沒」，通行本作「昧」。⑨尋尋：無邊無際。通行本作「繩繩」。呵：同「啊」。語氣助詞。⑩胃：通「謂」。是；叫作。⑪古始：遠古的原始狀態。《呂氏春秋·察今》：「故察己則可以知人，察今則可以知古。古今一也，人與我同耳。有道之士，貴以知近遠，以今知古，以益所見知所不見。」⑫緍：通「緄」，假借為「混」。⑬謬：謬悠。虛空悠遠。《莊子》：「天下悦之以謬悠之說。」⑭物：同「忽」。⑮沕（wù）望：沕，潛藏。《集韻》：「沕，潛藏也。」若隱若現、若有若無之象。⑯道紀：紀，本義為散絲的頭緒。《說文》：「紀，別絲也。」引申為綱領、要領。⑰致詰：究問；推究。⑱皦（jiǎo）：分明；清晰。⑲繩繩（mǐn mǐn）：綿綿不絕的樣子；眾多的樣子。盧照鄰《釋疾文》：「夏日長兮繩繩，炎風暑雨兮相蒸。」

【譯文】用眼睛看它（大道）卻也看不見，這叫作「微」；用耳朵聽它卻也聽不到，這叫作「希」；用手撫摸它卻也摸不著，這叫作「夷」。這三種特性無法進行尋根問底、徹底推究，所以混同為一來看。大道是渾然一體的，它的上面並不是遙不可及的，它的下面也不是模糊不清的。它無邊無際、運動不絕啊，無法用語言描述，最終又回歸到「無」的存在。所謂「無」，也並不是甚麼都沒有，而是沒有形狀的形狀，沒有形體的形象，這是一種若隱若現、若有若無之象。尾隨在它的後面，卻看不到它的末尾；面對著它，也看不到它的頭面。把握住當下的這個道，用來駕馭當下的現實存在，由此可以推測到大道在久遠之前的本來面目，這就是體悟大道的要領。

五十九（通行本第十五章）

帛書甲本：

□□□□□□□□□□□深不可志[1]。夫唯不可志，故強爲之容[2]，曰：與呵[3]其若冬□□□□□□畏四□□□其若客，渙[4]呵其若淩澤[5]□呵其若楃[6]，湷[7]□□□□□□□若浴[8]。濁而情之余淸[9]，女以重之余生[10]。葆[11]此道不欲盈[12]，夫唯不欲□□□□□□□成。

帛書乙本：

古之善爲道者，微眇玄達，深不可志。夫唯不可志，故強爲之容，曰：與呵其若冬涉水，猶[13]呵其若畏四叟[14]，嚴呵其若客，渙呵其若淩澤，沌呵其若樸[15]，湷呵其若濁，湛[16]呵其若浴。濁而靜之徐淸，女以重之徐生。葆此道不欲盈，是以能㢸而不成[17]。

王弼注本（十五章）：

古之善爲士者，微妙玄通，深不可識。夫唯不可識，故強爲之容：豫兮若冬涉川，猶兮若畏四鄰，儼兮其若容，渙兮若冰之將釋，敦兮其若樸，曠兮其若谷，渾兮其若濁。孰能濁以靜之徐清？孰能安以久動之徐生？保此道者，不欲盈；夫唯不盈，故能蔽不新成[18]。

河上公本（顯德第十五）：

古之善爲士者，微妙玄通，深不可識。夫唯不可識，故強爲之容：與兮若冬涉川，猶兮若畏四鄰，儼兮其若容，渙兮若冰之將釋，敦兮其若樸，曠兮其若谷，渾兮其若濁。孰能濁以靜之徐清？孰能安以久動之徐生？保此道者，不欲盈；夫唯不盈，故能蔽不新成。

【註釋】①志：古同「識」，認知。《說文解字注》引周禮保章氏注：「志，古文識。蓋古文有志無識，小篆乃有識字。」《說文》：「識，知也。」②容：作動詞。形容，描述。北大漢簡本作「頌」。③與：古通「豫」。遲疑不決、謹慎小心的樣子。豫本為一種野獸，性多疑，藉以喻遲疑不決者。《康熙字典》：「又猶、豫，二獸名，性多疑。凡人臨事遲疑不決者，藉以為喻。《史記·呂后紀》：計猶豫未有所決。《禮·曲禮》作猶與。註：與，本亦作豫。疏：猶，玃屬；與，象屬。二獸皆進退多疑，人多疑惑者似之。」呵：同「啊」，語氣助詞。④渙：本義指流散。這裏形容一種自由渙散、灑脫不羈、親切隨和的狀態，不做作，不擺架子，不裝腔作勢，不會帶給人壓力，使人感到如沐春風般溫暖。《說文》：「渙，流散也。」《易·正義》：「渙者，散釋之名。大德之人，建功立業。散難釋險，故謂之渙。」⑤凌澤：凌，冰。澤，古同「釋」，解散。《詩·周頌》：「其耕澤澤。」疏：「釋釋然土皆解散也。」⑥楃：帛書乙本、通行本、北大漢簡本均作「樸」。⑦湷：古通「渾」。渾厚。⑧浴：通「谷」。山谷。

⑨余：通「徐」，緩慢地。情：假借為「靜」，安靜。⑩女：通「安」，「安」的省寫。安靜，穩定。重：假借為「動」。余：通「徐」，緩慢地。⑪葆：通「保」。保守，持守。⑫盈：盈滿。《淮南子· 道應訓》：「夫物盛而衰，樂極則悲，日中而移，月盈而虧。是故聰明睿智，守之以愚；多問博辯，守之以陋；武力毅勇，守之以畏；富貴廣大，守之以儉；德施天下，守之以讓。此五者，先王所以守天下而弗失也。反此五者，未嘗不危也。故老子曰：服此道者不欲盈，夫唯不欲盈，故能弊而不新成。」⑬猶：猶豫不決。本為一種野獸名，性多疑。《史記· 呂后紀》：「猶與未決。」索隱：「猶，猿類也。卬鼻長尾，性多疑。」⑭哭：同「鄰」。鄰居。⑮樸：本義為未加工的木材。質樸、淳樸。⑯湛：同「曠」。空闊。⑰能褩而不成：能（nài），古同「耐」，受得住；褩：通「敝」，破舊。耐敝，指能夠耐舊持久。不成，即不盡、不終之意。《說文》：「成，就也。」《康熙字典》：「就，又終也。」郭璞注：「凡事物成就亦終也。」能敝而不成，即能夠耐舊持久而不會終盡。通行本作「蔽不新成」。⑱能蔽不新成：能（nài），古同「耐」，受得住；蔽，通「敝」。耐敝，指能夠耐舊持久。不新成，不人為地創立新的事物。

【譯文】古時候那些善於修道、行道的人，他們的境界極其微妙玄奧、通透豁達，深刻得難以認知。正是因為難以認知，所以只能勉強形容如下：他遲疑不決，就好像嚴冬履冰過河；他小心謹慎，就好像害怕四鄰的侵犯；他恭敬莊重，就好像是在做客；他親切隨和、無拘無束、灑脫不羈，就好像春天到來，天氣轉暖，冰凌融化消散，使人如沐春風；他敦厚樸實，就好像未經雕琢加工的木材；他渾厚包容，就好像那渾濁的水；他心胸開闊豁達，就好像空曠的山谷。渾濁的水安靜下來後，就會慢慢澄清；先安定自守，然後等待時機有所行動，就可以慢慢煥發生機。持守大道的人，不追求盈滿；正因為不追求盈滿，所以能夠耐久，雖然慢慢變舊，但是不會被新生事物所取代。

六十（通行本第十六章）

帛書甲本：

至虛極[1]也，守情表[2]也。萬物旁[3]作，吾以觀其復也。天物雲雲[4]，各復歸於其□□□□□靜，是胃復命[5]。復命，常[6]也。知常，明也；不知常，帝[7]。帝作，凶。知常容[8]，容乃公[9]，公乃王[10]，王乃天[11]，天乃道□□□沕[12]身不怠[13]。

帛書乙本：

至虛極也，守靜督[14]也。萬物旁作，吾以觀其復也。天物秐秐[15]，各復歸於其根，曰靜[16]。靜，是胃復命。復命，常也。知常，明也；不知常，芒[17]。芒作，凶。知常容，容乃公，公乃王，□□天，天乃道，道乃久，沒身不殆。

王弼注本（十六章）：

致虛極，守靜篤。萬物並作，吾以觀復。夫物芸芸，各復歸其根。歸根曰靜，是謂復命，復命曰常。知常，曰明；不知常，妄作凶。知常容，容乃公，公乃王，王乃天，天乃道，道乃久，沒身不殆。

河上公本（歸根第十六）：

至虛極，守靜篤。萬物並作，吾以觀其復。夫物芸芸，各復歸其根。歸根曰靜，是謂復命，復命曰常。知常，曰明；不知常，妄作凶。知常容，容乃公，公乃王，王乃天，天乃道，道乃久，沒身不殆。

【註釋】①至虛極：至，雙關語，一層意思是「到」，另一層意思是「極致」。極，最高準則、標準。《詩·周頌·思文》：「莫匪爾極。」達到極致的虛無，是（修道的）最高準則。②守情表：情，通「靜」，清靜無為。表，通「標」，標準。帛書乙本作「守靜督」，北大漢簡本作「積正督」，通行本作「守靜篤」。保持清靜無為，是（行道的）標準。③旁：廣泛、普遍。《書·太甲上》：「旁求俊彥，啟迪後人。」④天物：謂自然生長之物。通行本作「夫物」，不通。雲雲：像雲一樣變幻多端；又通「芸芸」，眾多。⑤胃：通「謂」。是；叫作。復命：回歸天命所賦予的本性。《莊子·則陽》：「復命搖作，而以天為師，人則從而命之也。」成玄英疏：「反乎真根，復於本命，雖復動搖，順物而作，動靜無心，合於天地，故師於二儀也。」⑥常：永恒，恒久。指永恒不變的規律。⑦芇：通「妄」。胡亂、狂亂；無知。《說文》：「妄，亂也。」⑧容：包容，容納。《易·師》：「君子以容民畜眾。」《說苑·君道》：「大道容眾，大德容下，聖人寡為而天下治矣。」又，通「用」。《釋名》：「容，用也，合事宜之用也。」⑨公：公正無私，公允。《說文》：「公，平分也。」《春秋元命苞》：「公之為言公正無私也。」《呂氏春秋·貴公》：「昔先聖王之治天下也，必先公。公則天下平矣。平得於公。嘗試觀於上志，有得天下者眾矣，其得之以公，其失之必以偏。凡主之立也，生於公。故《鴻範》曰：『無偏無黨，王道蕩蕩。無偏無頗，遵王之義。無或作好，遵王之道。無或作惡，遵王之路。』天下非一人之天下也，天下之天下也。陰陽之和，不長一類；甘露時雨，不私一物；萬民之主，不阿一人。」⑩王（wàng）：稱王；統治、領有一國或一地。《說文》：「王，天下所歸往也。」董仲舒曰：「古之造文者，三畫而連其中謂之王。三者，天、地、人也；而參通之者，王也。」《詩· 大雅》：「王此大邦，克順克比。」《孟子· 梁惠王上》：「然而不王者，未之有也。」⑪天：大自然。這裏指使萬物回歸自然之道。⑫沕（mì）：隱沒。⑬怠：本義為懶惰、懈怠。又通「殆」。危險。⑭督：假借為「篤」。《墨子· 經說上》：「使人督之。」孫詒讓《閒詁》：「督，篤之借字。」⑮袪袪：通「魂魂」。盛貌；眾多貌；動貌。《太玄· 玄告》：「魂魂萬物，動而常沖。」⑯靜：寂靜無聲，指萬物復歸其根回歸於寂靜虛無的狀態。⑰芒：暗昧，模糊不清。《莊子· 齊物論》：「人之生也，固若是芒乎！其我獨芒，而人亦有不芒者乎？」郭象註：「不知所以然而然，故曰芒也。」成玄英疏：「芒，闇昧也。」

【譯文】達到極致虛無的境界，是修道的最高準則；保持清靜無為的狀態，是行道的標準。萬物普遍興起，蓬勃生長，我在靜定的境界中觀察它們循環往復的規律。自然萬物變幻多端、運動不息，最終又回歸到它們各自的本源。回歸到本源，這就叫作寂靜。寂靜，這就叫做回歸天命所賦予的本性。回歸天命本性，這是永恒不變的自然規律。懂得這個永恒不變的規律，就叫作明智；不懂得這個規律，就叫作無知。這種無知的妄人就會胡亂妄為，胡亂妄為就會招致災禍。認識到永恒不變的規律，就能夠包容一切；包容一切，就能夠公正無私；公正無私，就可以統領萬物；統領萬物，使天下萬物復歸於自然；天下萬物復歸於自然，則是真正落實大道於天下；遵循大道治理天下，才可以長治久安，終身都不會有危險。

六十一（通行本第十七章）

帛書甲本：

太上[1]，下知有之[2]；其次，親譽之；其次，畏之；其下，母[3]之。信不足，案[4]有不信□□其貴言[5]也。成功遂事，而百省胃[6]我自然。

帛書乙本：

太上，下知又[7]□□□親譽之；其次，畏之；其下，母之。信不足，安有不信[8]。猶呵[9]，其貴言也。成功遂事，而百姓胃我自然。

王弼注本（十七章）：

太上，下知有之；其次，親而譽之；其次，畏之；其次，侮之。信不足焉，有不信焉。悠[10]兮，其貴言。功成事遂，百姓皆謂我自然。

河上公本（淳風第十七）：

太上，下知有之；其次，親之譽之；其次，畏之；其次，侮之。信不足焉，有不信。猶兮，其貴言。功成事遂，百姓皆謂我自然。

【註釋】①太上：最上，最高。②下知有之：臣民僅僅知道他（統治者）的存在。下，臣下、百姓、群眾。《左傳·昭公十八年》：「於是乎下陵上替，能無亂乎？」《八仙注》：「太上，即最上之謂。言御世者以道治天下，泯聲色，神教化，潛移默運，而其下於變時雍，順帝之則，則亦但知有之而已。」有版本作「不知有之」。③毋：通「侮」。輕慢、羞辱。④案：乃、於是。《荀子·榮辱》：「故先王案為之制禮義以分之，使有貴賤之等。」王引之《經傳釋詞》：「安，猶於是也，乃也，則也。安或作案，或作焉，其義一也。」⑤貴言：言行慎重，不輕易發號施令。⑥百省：通「百姓」。胃：通「謂」，說。⑦又：通「有」。⑧信不足，安有不信：統治者不能充分地信任自己的臣民，於是臣民也不會信任統治者。信，信任，有聽任憑、放任之意。安，乃、於是。《荀子·仲尼》：「委然成文，以示之天下，而暴國安自化矣。」這裏指的是不明大道的統治者，不信任自己的臣民，制定各種各樣的嚴刑峻法、規章制度、繁文縟節，處處設防壓制，時時掌控干涉，這實際上是將群眾推向了對立面。所謂信任，即是相信並且放任，信任是相互的。有道的高明的統治者，能夠充分相信群眾，放手讓群眾自由發展創造，以謙虛的態度，拜人民為師，不會橫加干涉，這樣群眾才會信任統治者。⑨猶：猶豫審慎的樣子。呵：通「啊」，語氣助詞。王弼注本作「悠」。⑩悠：自在悠閒、從容不迫的樣子。

【譯文】最高明的統治者，臣民僅僅知道他的存在；次一等的統治者，臣民親近並讚頌他；再次一等的統治者，臣民畏懼他；最差的統治者，臣民輕視、侮辱他。統治者不能充分信任群眾，群眾自然也不會信任統治者。最高明的統治者言行審慎，很少發號施令，所以總是安閒自在、從容不迫。功業成就，事情順利，而不居功，百姓都說：「我們本來就是這個樣子。」

六十二（通行本第十八章）

帛書甲本：

故大道[①]廢，案有仁義[②]。知快[③]出，案有大僞。六親[④]不和，案有畜茲[⑤]。邦家悶亂[⑥]，案有貞臣[⑦]。

帛書乙本：

故大道廢，安[⑧]有仁義。知慧[⑨]出，安有大僞[⑩]。六親不和，安又孝茲。國家悶亂，安有貞臣。

王弼注本（十八章）：

大道廢，有仁義。慧智出，有大僞。六親不和，有孝慈。國家昏亂[⑪]，有忠臣。

河上公本（俗薄第十八）：

大道廢，有仁義。智惠出，有大僞。六親不和，有孝慈。國家昏亂，有忠臣。

【註釋】①大道：是國家治理的最高理想，指純樸無為的社會狀態。《憨山注》：「大道無心愛物，而物物各得其所。」②案：乃、於是。王引之《經傳釋詞》：「安，猶於是也，乃也，則也。安或作案，或作焉，其義一也。」參見本書《六十一（通行本第十七章）》註釋④。仁義：本意為仁愛與正義。是儒家所倡導的重要倫理範疇。《淮南子·繆稱訓》：「故道滅而德用，德衰而仁義生。」《八仙注》：「仁義，道之所份出也，曷以言乎道廢而有仁義？蓋道是個渾淪的物事，原無所為仁義之名。能以道御物，終古只有一個道，哪有個甚麼仁義？惟不能體此道而道廢，於是乎從道之所份出者致力，而天下始有仁義之名矣。」③知快：知，知識、知見；又通「智」，聰明。快，機敏。《說文》：「快，喜也。從心，夬（guài）聲。」《說文·又部》：「夬，分決也。」有分決、決斷之意。引申為分別心。帛書乙本作「知慧」，通行本作「智慧」。④六親：六種親屬關係，歷來說法不一。或指父、子、兄、弟、夫、婦；或指父、母、兄、弟、妻、子女；或指父子、兄弟、姑姊、甥舅、婚媾、姻亞。《左傳·昭公二十五年》：「為父子、兄弟、姑姊、甥舅、婚媾、姻亞，以象天明。」泛指親戚、親人。⑤畜茲：即「孝慈」。子女善事父母為孝，父母養育愛護子女為慈。畜，通「孝」。《廣雅·釋言》：「孝，畜也。」《禮記·祭統》：「孝者，畜也。順於道，不逆於倫，是之謂畜。」茲，通「慈」。《憨山注》：「上古雖無孝慈之名，而父子之情自足。及乎衰世之道，為父不慈者眾，故立慈以規天下之父；為子不孝者眾，以立孝以規天下之子。是則孝慈之名，因六親不和而後有也。」⑥閲（mèn）亂：閲，同「悶」。悶亂，氣悶煩亂。⑦貞臣：忠貞不貳之臣。《憨山注》：「上古之世，君道無為而天下自治，臣道未嘗不忠，而亦未嘗以忠立名；及乎衰世，人君荒淫無度，雖有為而不足以治天下，故臣有殺身諫諍，不足以盡其忠者。是則忠臣之名，因國家昏亂而有也。」⑧安：乃、於是。⑨知慧：知，通「智」。《憨山注》：「智慧，謂聖人治天下之智巧，即禮樂、權衡、斗斛、法令之事。然上古不識不知，而民自樸素。及乎中古，民情日鑿，而治天下者，乃以智巧設法以治之。殊不知智巧一出，而民則因法作奸，故曰『智慧出，有大偽』。」⑩大偽：偽，人為、矯飾；虛假、不真實。《說文》：「偽，詐也。」徐鍇曰：「偽者，人為之，非天真也。」《荀子· 性惡篇》：「不可學，不可事而在人者，謂之性；可學而能，可事而成之在人者，謂之偽。」《易· 繫辭下》：「情偽相感利害生。」大偽乃戕害自然，以人智達其目的。當智巧詭詐大行其道時，世風日下忠偽難辯，而大偽似真、大奸似忠，社會混亂，於是君子歸隱、大偽盛行。⑪昏亂：昏庸無道；糊塗妄為。《左傳· 宣公三年》：「商紂暴虐，鼎遷於周。德之休明，雖小，重也；其奸回昏亂，雖大，輕也。」

【譯文】所以當大道被廢棄不用時，於是仁義開始被推崇。當智巧出現時，於是虛偽矯飾之風也隨之產生了。親人之間不能和睦相處，於是孝慈開始被提倡。人君身心紊亂、任性妄為，國家混亂，於是忠臣開始被讚美歌頌。

六十三（通行本第十九章）

帛書甲本：

絕聲棄知，民利百負[①]；絕仁棄義，民復畜茲[②]；絕巧棄利，盜賊無有[③]。此三言也，以爲文未足，故令之有所屬：見素抱□□□□□□

帛書乙本：

絕耶[④]棄知，而民利百倍；絕仁棄義，而民復孝茲；絕巧棄利，盜賊無有。此三言也，以爲文未足，故令之有所屬：見素抱樸[⑤]，少私而寡欲。

王弼注本（十九章）：

絕聖棄智，民利百倍；絕仁棄義，民復孝慈；絕巧棄利，盜賊無有。此三者，以爲文不足，故令有所屬：見素抱樸，少私寡欲。

河上公本（還淳第十九）：

絕聖棄智，民利百倍。絕仁棄義，民復孝慈。絕巧棄利，盜賊無有。此三者，以爲文不足，故令有所屬：見素抱樸，少私寡欲。

【註釋】①絕聲棄知，民利百負：斷絕、摒棄自作聰明的說教和智巧，則民眾可以獲得百倍的利益。絕，斷絕。聲，聲教、言教、說教。又通「聖」。《康熙字典》：「（聲）又聲教。」《書· 禹貢》：「東漸於海，西被於流沙，朔南暨聲教，訖於四海。」知，通「智」，智巧。負，假借為「倍」。又通「背」「賠」。均為同音假借。《說文》：「負，從人守貝。」《唐玄宗注》：「絕聖人言教之跡，則化無為；棄凡夫智詐之用，則人淳樸。淳樸則巧詐不作，無為則矜徇不行。人抱天和，物無夭枉，是有百倍之利。」聲教，指自作聰明的所謂「聖人」而言；智巧，指凡夫而言。此皆是有為法，有為則粉飾太平之事滋，民眾會將大量的時間精力用於應對統治者粉飾太平的形式，從而擾亂了有意義的生產勞動。所以，絕聲棄智，民眾會得到百倍的利益。②畜茲：即「孝慈」，參見本書《六十二（通行本第十八章）》註釋⑤。《八仙注》：「孟子曰：『未有仁而遺其親，即未有義而虐其子。』仁義乃德之份見，曷為棄絕？曰仁義雖是美德，而三代下切仁義之名、離仁義之實者，正復不少。竊其名而離其實，則父子之間有偽心焉，偽則人倫泯矣。故必絕仁棄義，而一以道處之，則孝慈多矣。」老子並非反對仁義，而是那種沽名釣譽、矯揉造作式的違背人性的假仁假義。③絕巧棄利，盜賊無有：巧，本義是技巧；利，本義是鋒利的器物，即「利器」之「利」。盜賊，本義是強盜和小偷。《八仙注》：「巧以利用，利以益民，亦曷為棄絕？曰：巧利興則爭欲得，苟或弗獲，勢必相率而盜。民有盜心，國不可為矣。故一棄絕之，方使民不智為盜也。」這裏的「巧」指的是投機取巧，這裏的「利」是急功近利、短視近利。這裏的盜賊也並非單純指強盜和小偷，凡是唯利是圖、謀取私利而不惜違背自然規律、危害他人和社會者皆是，比如貪官汙吏、奸商以及各類坑蒙拐騙之人等。老子所反對的是以投機取巧的方式來謀取利益，倡導的是遵循自然規律的發展方式。時至今日，科技和商業蓬勃發展、日新月異，我們不可能全面摒棄科技和商業，而應該是倡導腳踏實地、循序漸進的生產生活方式，做長期主義者，走可持續發展之路，不要投機取巧、急功近利。④聖：通「聖」。聖人的境界是老子所倡導的，那麼這裏為何要「絕聖」呢？原因在於，這裏的「聖」指的是以聖人自居，神話自己，自我標榜，自作聰明，自誇聖明，這樣就屬於「偽」，是背道而馳的。⑤見素抱樸：素，本義是未經染色的絲綢；樸，本義是未經加工的木材。見素，顯其本色；抱樸，守其本真。即不事華飾，保持自然純樸的品質。

【譯文】斷絕和摒棄自我標榜的說教和自作聰明的智巧，百姓反而會得到百倍的利益；斷絕和摒棄沽名釣譽、違背人性的假仁假義，百姓反而會恢復孝慈的本性；斷絕和摒棄投機取巧、急功近利的發展模式，唯利是圖的盜賊就自然消失了。聲（聖）智、仁義、巧利這三者都是文飾之事，不足以用來治理天下，所以必須要讓百姓之心有所係屬，即：顯其本色，守其本真，不事華飾，保持自然純樸的品質；減少私心和欲望。

六十四（通行本第二十章）

帛書甲本：

□□□□唯與訶[1]，其相去幾何[2]？美與惡，其相去何若？人之□□亦不□□□□□□□□□□□□□衆人𤋮𤋮[3]，若鄉於大牢[4]，而春登臺[5]。我泊焉未佻[6]，若□□□□纍呵[7]，如□□□□□皆有餘，我獨遺[8]。我禺[9]人之心也，惷惷[10]呵！鬻□□□□□□□𦙍[11]呵。鬻人蔡蔡[12]，我獨𨳒𨳒[13]呵。忽[14]呵，其若海；朢[15]呵，其若無所止。□□□□□□□□□以悝[16]。我欲獨異於人，而貴食母[17]。

帛書乙本：

絕學無憂[18]。唯與呵[19]，其相去幾何？美與亞[20]，其相去何若？人之所畏，亦不可以不畏人。朢呵，其未央才[21]！衆人𤋮𤋮，若鄉於大牢，而春登臺。我博[22]焉未垗[23]，若嬰兒未咳[24]。纍呵，似無所歸。衆人皆又餘[25]，我愚人之心也，湷湷[26]呵。鬻人昭昭，我獨若𨳒呵；鬻人察察，我獨𨴗𨴗[27]呵。沕[28]呵，其若海；朢呵，若無所止。衆人皆有以，我獨閂[29]以鄙。吾欲獨異於人，而貴食母。

王弼注本（二十章）：

絕學無憂。唯之與阿[30]，相去幾何？善之與惡，相去若何？人之所畏，不可不畏。荒[31]兮，其未央哉！衆人熙熙[32]，如享太牢，如春登臺。我獨泊兮其未兆，如嬰兒之未孩[33]。儽儽[34]兮，若無所歸。衆人皆有餘，而我獨若遺。我愚人之心也哉，沌沌兮！俗人昭昭，我獨昏昏；俗人察察，我獨悶悶。澹[35]兮其若海，飂[36]兮若無止。衆人皆有以，而我獨頑似鄙。我獨異於人，而貴食母。

河上公本（異俗第二十）：

絕學無憂。唯之與阿，相去幾何？善之與惡，相去何若？人之所畏，不可不畏。荒兮，其未央哉！衆人熙熙，如享太牢，如春登臺。我獨怕兮其未兆，如嬰兒之未孩。乘乘[37]兮，若無所歸。衆人皆有餘，而我獨若遺。我愚人之心也哉，沌沌兮！俗人昭昭，我獨若昏；俗人察察，我獨悶悶。忽兮若海，漂兮若無止。衆人皆有以，而我獨頑似鄙。我獨異於人，而貴食母。

【註釋】①唯與訶：贊成與反對。唯，對於尊長的應答之詞，表示贊成。《說文》：「唯，諾也。」《禮記·曲禮上》：「父召無諾，先生召無諾，唯而起。」訶，呵斥，表示反對。《說文》：「訶，大言而怒也。」帛書乙本作「呵」，通行本作「阿」。②相去幾何：相差有多少呢？這裏體現的是老子的辯證法思想。換句話說，就是：「又能怎麼樣呢？」贊成也好，反對也罷，又能怎麼樣呢？我的心依然如如不動，毫不掛懷。實際上是告訴我們，不要太在意別人對自己的看法，要摒棄二元對立的思想，消除我執、法執、分別心。比如，今天我們經常從網絡上看到有人為了一個觀點爭辯不休，同意我的觀點就自鳴得意，不同意就暴跳如雷；就算是辯勝了，又有甚麼意義呢？這就是「世智辯聰」，是愚癡、我執太重、定力不足的表現。③眵眵（yí）：歡樂的樣子。《類篇》：「眵，樂也。」通行本作「熙熙」。④鄉：通「饗」。本義為鄉人相聚宴飲。引申為享受、享用。通「享」。大牢：同「太牢」。古代祭祀，牛、羊、豕三牲具備謂之「太牢」。比喻隆重豐盛的宴席。⑤春登臺：春天登臺遊覽觀景，古時一種流行的風俗。⑥泊焉未佻（tiāo）：內心淡泊寧靜，無動於衷。泊，淡泊、恬靜。佻，愉悅、興奮。本義是輕薄，言行舉止隨便，不莊重。《說文》：「佻，愉也。」這裏是說作者心如止水，情緒不會受環境影響而輕易產生波動。⑦累呵：累，頹喪、喪然若失的樣子。《史記·孔子世家》：「纍纍若喪家之狗。」呵，語氣詞，同「啊」。⑧遺：通「匱」。缺乏。這裏是說，老子不追求盈滿有餘，而自甘於匱乏的狀態。⑨禺：通「愚」。質直敦厚。《孔子家語》：「故《詩》之失愚，《書》之失誣。」王肅注：「愚，敦厚。」又通「偶」，木偶、偶像。⑩惷惷：厚道。《說文》：「惷，厚也。」⑪閶：同「昏」。昏聵；糊塗。⑫鬻（yù）人：鬻，本義為粥糜，引申為養育；又有賣、出售等義。《莊子·德充符》：「四者天鬻也。天鬻也者，天食也。」音義：鬻，養也。鬻人，即天生天養之人，引車賣漿者流。即普羅大眾。通行本作「俗人」。蔡蔡：通「察察」。明察嚴苛的樣子。⑬閩閩：同「悶悶」。愚昧、渾噩貌。⑭忽：恍惚；渺茫、遼遠。屈原《楚辭·涉江》：「忽乎吾將行兮。」⑮朢：同「望」。一說通「恍」。⑯悝：有二音，一讀作kuī，嘲笑，詼諧；一讀作lǐ，憂愁。一說，通「俚」，鄙俚、粗俗。⑰食母：母，喻指大道。比喻受到大道如母親一般的哺育。⑱絕學無憂：有版本將此句斷入上一章之末，置於「少私寡欲」之後，有臆改之嫌。茲據郭店楚簡本、王弼注本、河上公本等古本，一仍其舊，依然歸入本章。本章一整章都可以看作是對這四個字的解釋，講述的是得道悟道之後所表現出的狀態。《憨山注》：「世俗無智之人，要學智巧仁義之事。既學於己，將行其志。則勞神焦思，汲汲功利，盡力於智巧之間。故曰巧者勞而智者憂。無知者又何所求？是則有學則有憂，絕學則無憂矣。然聖人雖絕學，非是無智。但智包天地而不用。順物忘懷，澹然無欲，故無憂。世人無智而好用，逐物忘道，汩汩於欲，故多憂耳。斯則憂與無憂，端在用智不用智之間而已。相去不遠，譬夫唯之與阿，皆應人之聲也，相去能幾何哉，以唯敬而阿慢。憂與無憂，皆應物之心也，而聖凡相隔，善惡相反，果何如哉？此所謂差之毫釐，失之千里也。老子言及至此，恐世俗將謂絕學，便是瞢然無知。故曉之曰，然雖聖人絕學，不是瞢然無知，其實未嘗不學也。但世俗以增長知見，日益智巧，馳騁物欲以為學；聖人以泯絕知見，忘情去智，遠物離欲以為學耳。」⑲呵：呵斥。同「訶」。⑳亞：通「惡」。醜陋。㉑未央：未已；未盡。《詩·小雅·庭燎》：「夜如何其？夜未央。」這裏形容世俗的學問廣大，無邊無際。《莊子·養生主》：「吾生也有涯，而知也無涯。以有涯隨無涯，殆已！」㉒博：通「泊」。淡泊。㉓未垗（zhào）：垗同「兆」，徵兆、跡象。未兆，此處引申為「心無所感」。㉔咳（hái）：小兒笑。《說文》：「咳，小兒笑也。」㉕又：通「有」。帛書乙本本句後缺「我讀遺」一句。㉖湷湷（hún）：古同「渾」。天然的、淳樸的，如「渾厚」。㉗閩閩：閩，通「閔」。昏昧，糊塗。㉘沕：本義是潛藏。又通「惚」，同「忽」。渺茫、遼遠。㉙閲：假借為「頑」。㉚唯，應答之聲，表示恭敬順從。阿，通「呵」，呵斥。一說，

「阿」作曲從、迎合講，亦通。意思是恭敬順從與曲從迎合，他們的差別有多大呢？過度恭敬就變成了迎合，告訴我們要把握好度，過猶不及，不卑不亢。㉛荒：遼遠；廣大。《廣雅·釋詁一》：「荒，遠也。」㉜熙熙：溫和歡樂的樣子；熱鬧的樣子。㉝孩：同「咳」。小兒笑。㉞儽（lěi）儽：憔悴頹喪的樣子。同「累累」。《廣雅·釋訓》：「儽儽，疲也。」㉟澹（dàn）：水波紆緩的樣子。引申為恬靜、安然。㊱飂（liù）：高風；飄動。㊲乘乘：頹喪困頓貌。

【譯文】修道的人，摒棄世俗學問和錯誤知見，達到煩惱盡除、得到解脫、沒有憂愁的境界。別人贊成我也好，反對我也罷，又有甚麼區別呢？世人眼中所謂的美好與醜惡，它們又相差多少呢？人們所害怕和恐懼的事物，它們也不一定不害怕人。（比如人們怕蛇，同樣蛇也會怕人。）世俗的學問一眼望不到邊，根本沒有盡頭啊！眾人熱熱鬧鬧、興高采烈，就好像參加盛大隆重的宴會，又好像在春天登上高臺觀賞風景。而我始終淡泊寧靜，無動於衷，就好像還不會笑的嬰兒。喪然若失啊，就好像無家可歸。眾人都追求豐盈有餘，而只有我甘於匱乏。我的心就像木偶一樣，樸實渾厚，寬容厚道。俗人都在有意無意顯示、誇耀自己的聰明才智，而唯獨我看上去好像昏聵愚昧啊；俗人都明察秋毫、嚴厲苛刻，而唯獨我好像糊裏糊塗啊。廣大遼遠啊，我的心好像大海一樣；深深地凝望啊，好像沒有止境。眾人都有所作為，唯獨我愚頑不靈、粗鄙不堪。我的追求總是與眾不同，更加看重的是大道那如母親一般的哺育。

六十五（通行本第二十一章）

帛書甲本：

孔德之容[1]，唯道是從。道之物，唯朢唯忽[2]□□□呵，中有象[3]呵。朢呵忽呵，中有物[4]呵。灣呵鳴呵[5]，中有請吔[6]。其請甚眞，其中□□自今及古，其名不去，以順衆仪[7]。吾何以知衆仪之然？以此。

帛書乙本：

孔德之容，唯道是從。道之物，唯朢唯沕[8]。沕呵朢呵，中又[9]象呵。朢呵沕呵，中有物呵。幼呵冥呵[10]，其中有請呵。其請甚眞，其中有信[11]。自今及古，其名不去，以順衆父。吾何以知衆父之然也，以此。

王弼注本（二十一章）：

孔德之容，惟道是從。道之爲物，惟恍惟惚。惚兮恍兮，其中有象；恍兮惚兮，其中有物。窈兮冥兮，其中有精；其精甚眞，其中有信。自古及今，其名不去，以閱[12]衆甫。吾何以知衆甫[13]之狀哉？以此。

河上公本（虛心第二十一）：

孔德之容，唯道是從。道之爲物，唯恍唯忽。忽兮恍兮，其中有像；恍兮忽兮，其中有物。窈兮冥兮，其中有精；其精甚眞，其中有信。自古及今，其名不去，以閱衆甫。吾何以知衆甫之然哉？以此。

【註釋】①孔德之容：孔，大、空、通，謂空虛能容也。容，包含；相貌。《八仙注》：「孔，大也。道無形象，未見有容，自運而為德，遂而容納萬物。人第知德之有容，容而且大，而不知皆歸本於道也。」《河上公註》：「有大德之人，無所不容，能受垢濁，處謙卑也。」②唯朢唯忽：朢，通「恍」；忽，通「惚」。恍惚，若隱若現、若有若無的樣子。《字林》：「恍惚，心不明也。」唯恍唯惚，指道始生萬物的過程撲朔迷離、難以捉摸、無法描述。帛書乙本作「朢沕」，通行本作「恍惚」「恍忽」「怳忽」等，皆相通。③象：指未定型處於變化中的暫時貌。④物：指有固定狀的有形質。有象、有物，指道始生萬物的過程中，雖然撲朔迷離、難以捉摸，但在天可以成象，在地可以成形。⑤灣呵鳴呵：灣，同「幽」，深遠微妙；鳴，通「冥」，虛空渺茫。《莊子·在宥》：「至道之精，窈冥冥。」註：「皆了無也。」⑥請：通「精」。《通訓定聲》：「精，又為請。」精，本義是上等細米，其特性是純一不雜，有生命力，能夠滋養眾生。比喻生長萬物的極其微細的物質。類似於物理學中的分子、原子、電子、夸克等構成物質的基本粒子。《字彙》：「凡物之純至者皆曰精。」《呂氏春秋·大樂》：「道也者，精也。不可為形，不可為名，強為之名，謂之太一。」吔（yē）：嘆詞，表示驚異、驚訝和感嘆等。⑦眾仪：

仪，同「父」。《釋名》：「父，甫也。甫，始也。始生已也。」眾父，即萬物的開始；又指百姓之長，即國君。⑧唯塱唯汐：同「唯恍唯惚」。⑨又：通「有」。⑩幼呵冥呵：幼，通「窈」（yǎo），深遠、幽靜、隱微。窈冥，深遠渺茫貌。《莊子・天運》：「動於無方，居於窈冥。」⑪信：誠信、信用、不失約，如太陽東升西落、天體運行、四級交替等，都是按照一定的時序規律，從不失信。故引申為規律、法則。又通「伸」「申」，即「神」。《風俗通義・皇霸篇》：「神者，信也。」《說苑・修文》：「神者，天地之本而萬物之始也。」可以理解為基於生命現象和決定生命體結構的基本信息。精與神就是從微觀的角度描述萬物始生的，其中，精和神，分別對應精微物質和信息。物與象、精與神，是道始生萬物的過程中在宏觀和微觀世界所展現的陰陽屬性，是老子認識論的四大基本要素。精氣神是老子哲學中的基本概念。精氣神，分別對應著物質、能量和信息。凝聚為精，為物質；流行為氣，為能量；妙用為神，為信息。整個宇宙，都是這個規律。從某種意義上講，現代科學與古老道家文化，殊途同歸，有異曲同工之妙。⑫閱：觀察。⑬甫：通「父」。本義為男子的美稱。《說文》：「甫，男子之美偁也。」段注：「以男子始冠之稱，引申為始也。又引申為大也。」

【譯文】德性所表現出的形貌是博大精深、能容萬物的，是因為它永遠遵從於大道。大道生成萬物的過程，撲朔迷離、難以捉摸、無法描述。恍恍惚惚，若隱若現，在天成象；恍恍惚惚，若有若無，在地成形。它是那麼的深邃隱微而又空虛渺茫，其中存在著可以生成萬物的精微物質；這種精微物質是純一不雜、真實不虛的，其中又存在著神奇的生命信息，按照精準的規律構成和決定萬物形態。從當下推及古時，大道的作用始終存在著，使萬物從開始生成就具備一定的秩序和規律。我是如何知道萬物開始生成的情形呢？就是通過這個過程。

六十六（通行本第二十四章）

帛書甲本：

炊者不立[①]。自視不章[②]□見者不明，自伐[③]者無功，自矜[④]者不長[⑤]。其在道，曰粽食贅行[⑥]。物[⑦]或惡之，故有欲者□居。

帛書乙本：

炊者不立。自視者不章，自見者不明，自伐者無功，自矜者不長。其在道也，曰粽食贅行。物或亞[⑧]之，故有欲者弗居[⑨]。

王弼注本（二十四章）：

企者不立[⑩]，跨者不行[⑪]。自見者不明，自是[⑫]者不彰，自伐者無功，自矜者不長。其在道也，曰餘食贅行。物或惡之，故有道者不處。

河上公本（苦恩第二十四）：

跂者不立，跨者不行。自見者不明，自是者不彰，自伐者無功，自矜者不長。其於道也，曰餘食贅行。物或惡之，故有道者不處也。

【註釋】①炊者不立：炊，燒火做飯。又同「吹」。王弼注本作

「企」，河上公本作「跂」。燒火做飯的人不能一直站立，因為爐灶出火的狀態不能持久，需要不停彎下腰來添柴吹火。比喻人在社會生活中，要想有所成就，不能總是昂然直立，也要學會謙卑，適時彎腰低頭。②自視不章：愛自我顯示、表現的人，反而不會使名譽得到彰顯。視，古通「示」，顯示、表現。《通訓定聲》：「視，假借為示。《漢書》多以視為示，古通用字。」《漢書· 高帝紀》：「亦視項羽無東意。」章，同「彰」，彰明、彰顯。③伐：誇耀、自誇。《史記· 淮陰侯列傳》：「不伐己功，不矜己能。」《尚書· 虞書· 大禹謨》：「汝惟不矜，天下莫與汝爭能；汝惟不伐，天下莫與汝爭功。」④矜：自大、自誇、自尊。《廣雅》：「矜，大也。」《禮記· 表禮》：「不矜而莊。」註：「謂自尊大也。」⑤長（zhǎng）：動詞。做長官；為首領。⑥粽食贅行：粽食，剩餘的飯菜，一說指飯菜吃得過飽；贅行，多餘的動作，一說指帶著累贅的重物行走。其特點都是無益有害。粽，通「餘」，剩餘的、多餘的。贅，多餘的、多而無用的。⑦物：自己以外的人；眾人、他人。⑧亞：通「惡」。厭惡。⑨有欲者弗居：欲，期許、志願。指前文的「彰、明、功、長」而言。有欲者，即指想要彰顯名譽、清楚明白、建功立業、領導眾人的人。居，有長時間依靠、依賴之義。通行本作「有道者不處」。⑩企者不立：企，墊著腳看。意思是踮起腳尖想站得高一些反而站不穩。⑪跨者不行：跨，邁大步走。跨著大步想要走得快一些反而走不遠。⑫自是：自以為是。

【譯文】燒火做飯的人不能一直站著，需要不停地適時俯身添柴吹火。（踮起腳尖想站得高一些反而站不穩，跨著大步想要走得快一些反而走不遠。）喜歡自我表現的人，反而不會使名譽彰顯；自以為高明的人，反而沒有看清事物本質的智慧；自我誇耀的人，反而使自己的功勞大打折扣；妄自尊大的人，反而不能成為領導者。站在大道的角度來審視這些行為，可以說這些行為就好像是飯菜吃得過飽，難以消化；帶著累贅的重物行走，行動不便；不但無益，反而有害。眾人大概都會厭惡這些行為，所以想要有所成就（即彰顯名譽、聰明智慧、建功立業、領導眾人）的人，就不要去做這樣的事情（即自視、自見、自伐、自矜）。

六十七（通行本第二十二章）

帛書甲本：

曲則金[1]，枉則定[2]，窪則盈[3]，敝則新[4]，少則得[5]，多則惑[6]。是以聲人執一[7]，以爲天下牧[8]。不自視故明，不自見故章，不自伐故有功，弗矜故能長[9]。夫唯不爭，故莫能與之爭。古□□□□□□□□語才[10]！誠金歸之。

帛書乙本：

曲則全，汪[11]則正，窪則盈，㡀[12]則新，少則得，多則惑。是以耶[13]人執一，以爲天下牧。不自視故章，不自見故明，不自伐故有功，弗矜故能長。夫唯不爭，故莫能與之爭。古之所胃[14]「曲全」者，幾語才[15]！誠全歸之。

王弼注本（二十二章）：

曲則全，枉則直，窪則盈，弊則新，少則得，多則惑。是以聖人抱一爲天下式。不自見故明，不自是故彰，不自伐故有功，不自矜故長。夫唯不爭，故天下莫能與之爭。古之所謂「曲則全」者，豈虛言哉！誠全而歸之。

河上公本（益謙第二十二）：

曲則全，枉則直，窪則盈，弊[16]則新，少則得，多則惑。是以聖人抱一爲天下式。不自見故明，不自是故彰，不自伐故有功，不自矜故長。夫唯不爭，故天下莫能與之爭。古之所謂「曲則全」者，豈虛言哉。誠全而歸之。

【註釋】①曲則金：曲，曲折、委婉。金為「全」之誤，周全、圓滿。曲則全，即委曲求全之意，委婉曲折行事可以使事情圓滿。這是模擬天道而運用於人事的智慧，也是「反者，道之動」這一原理的具體運用。大自然的規律並非直線運行，而是曲折迂迴運行，比如天體運行的軌道都是圓形或螺旋的，江河山川都是曲折前進的。做人處事亦是如此，要盡量避免採取激烈對抗式的、直來直去的方式，這不但往往無效，還可能傷害到自已；而採取迂迴婉轉的方式，反而更容易使事情成功，同時保全自己。比如，臣子勸諫君王，若是當面激烈批評，不但會觸怒君王，使事情更糟，同時陷自己於危險境地，甚至遭到殺身之禍，無非最多博得一個忠臣的美名，其實於事無補。而如果懂得「曲則全」的智慧，轉個彎，順勢而為，因勢利導，往往會起到意想不到的效果，化腐朽為神奇，將凶禍化解於無形之中。例如，春秋時期，齊國有一個人得罪了齊景公。齊景公大怒，將他抓來綁在殿下，命令下人要把這人肢解。還下令，誰都不可以諫阻這件事，如果有人要諫阻，一併誅殺。宰相晏嬰聽了以後，走上前去，左手揪住那人的頭，右手拿刀，作出一副要親自動手殺掉此人，為景公洩怒的樣子，並抬頭向景公問道：「古時候的明王聖主肢解人的時候，不知道是從甚麼地方開始下手？」齊景公聽了晏子的話，若有所悟，站起來說：「好了！放掉他吧，罪在寡人！」（《晏子春秋》）這就是「曲則全」。反之，假如晏嬰用後世海瑞一樣的方式勸諫，後果可想而知。②枉則定：枉，彎曲。定，通「正」，正直、伸直。《說文》：「定，從宀，從正。」《字彙》：「定，正也。」暫時的彎曲可以更好地得到伸直。比如，植物的幼苗和根系都是彎曲的，只有這樣才可以更多地吸收養分、蓄勢待發，長成筆直的參天大樹。③窪則盈：地勢低窪的地方反而變得充盈。比如，大海的地勢最低，卻匯聚了眾多的江河之水。比喻人要懂得謙卑、放低姿態，才能夠得到更多的支持和更大的能量。④敝則新：敝，破舊、衰敗。事物衰敗之時，也是即將煥發新生之時。體現的是事物發展的規律。比如，冬天萬物凋零，而春天一到，萬象更新。一說，在繼承舊事物的基礎上才能更好地創新。⑤少則得：從小事做起，從一點一滴做起，積少成多，反而容易成功得到結果。《遺教經》云：「制心一處，無事不辦。」俗話說：「百樣會不如一樣精。」人如果能夠專心致志，長期在一個領域持續深耕，取得成就只是時間問題。「搏二兔，而不得一兔。」人的精力總是有限的，如果朝三暮四、甚麼都想要，那是一種貪心，到最後哪一樣都做不好，甚麼都得不到。一說，「少」作減少、減損講，使自已減少才能得到，即「有捨才有得」之意。⑥多則惑：人如果面臨多種選擇、多種誘惑，則容易陷入迷惑而不知所措、無所適從。比喻做事貪多，超過自已的能力範圍，因而就做不好。俗話說「貪多嚼不爛」，即是此意。⑦聲：通「聖」。執一：執守清靜無為的根本之道。《管子·心術》：「君子執一而不失，能君萬物。」《韓非子·揚權》：「故聖人執一以靜，使名自命，令事自定。」通行本作「抱一」。⑧以為天下牧：以此來成為天下的統治者。牧，本義為放養牲畜，引申為治理、管理，如古代州的長官稱「州牧」。比喻君王無為而治，如放牧牛羊一樣任其自由。⑨視、章、伐、矜、長：詳見上一章註釋。⑩才：通「哉」。語氣詞。⑪汪：通「枉」。彎曲。⑫褩：通「敝」。破舊、衰敗。⑬耶：同「聖」。⑭胃：通「謂」。說。⑮幾語才：真是微妙的一句話啊！幾（jī），細微、隱微、微妙。《說文》：「幾，微也。」一說通「豈」，難道。才，通「哉」。語氣詞。通行本作「豈虛言哉」。⑯弊：通「敝」。破舊、衰敗。

【譯文】採取委婉曲折的方式來做事，可以使事情圓滿；暫時的彎曲，是為了將來更好地伸直舒展；地勢低窪的地方，能夠變得充盈；事物凋敝衰敗的時候，也就意味著即將迎來生機；從一點一滴做起，從小事做起，可以取得成就（要想得到，先要捨去）；如果面臨多種選擇、多種誘惑，或者做事貪多、超出能力範圍，則容易陷入迷惑而不知所措。所以聖明的君主執守大道，以清靜無為的原則，來治理天下。不拘泥於以自己的視野角度來觀察事物（不自以為高明），因此可以看得更加清楚明白；不自我表現，因此使名譽更加彰顯；不自誇功勞，因此使功勞永遠存在；不妄自尊大，因此能成為真正的領導者。正是因為他從來不與人爭，所以天下沒有人可以與他相爭。古人所說的「曲則全」的道理，真是微妙而又深刻的一句話啊！上面所講的這些道理確實都涵蓋在其中。

六十八（通行本第二十三章）

帛書甲本：

希言自然[①]。飄風不冬朝，暴雨不冬日[②]。孰爲此[③]？天地□□□□□□□□□□故從事[④]而道者同[⑤]於道，德者同於德，者者[⑥]同於失。同□□□道亦德[⑦]之。同於□者，道亦失之。

帛書乙本：

希言自然。薊[⑧]風不冬朝，暴雨不冬日。孰爲此？天地而弗能久，有兄[⑨]於人乎！故從事而道者同於道，德者同於德，失者同於失。同於德者，道亦德之。同於失者，道亦失之。

王弼注本（二十三章）：

希言自然。故飄風不終朝，驟雨不終日。孰爲此者？天地。天地尚不能久，而況於人乎！故從事於道者，道者同於道，德者同於德，失者同於失。同於道者，道亦樂得之；同於德者，德亦樂得之；同於失者，失亦樂得之。信不足焉，有不信焉[⑩]。

河上公本（虛無第二十三）：

希言自然。飄風不終朝，驟雨不終日。孰爲此者？天地。天地尚不能久，而況於人乎！故從事於道者，道者同於道，德者同於德，失者同於失。同於道者，道亦樂得之；同於德者，德亦樂得之；同於失者，失亦樂得之。信不足焉，有不信焉。

【註釋】①希言自然：少發號施令，讓群眾自由發展。指效法道自然無為，行不言之教化。希，同「稀」，少。希言，少說話，這裏的「言」不單指言語、言論，凡政策法令、道德說教、繁文縟節之類，皆屬之。《國語·周語》：「有不祭則修意，有不祀則修言。」韋昭注：「言，號令也。」也指少說空話，多做實事，正所謂「空談誤國，實幹興邦」。②飄風不冬朝，暴雨不冬日：飄風，旋風、狂風。《說文》：「飄，回風也。」冬，通「終」。狂風不可能刮一個早上，暴雨不可能下一整天。比喻不能以強推政令等激烈的運動式的手段來治理國家、折騰老百姓，那樣是不長久的，而應該遵循自然規律，採用和風細雨、潤物細無聲的方式，循序漸進。這與「治大國若烹小鮮」的道理是一致的。③孰為此：是誰製造了這些狂風暴雨？孰，誰。此，代指狂風暴雨。④從事：行事、辦事。⑤同：共，在一起。有相互感召、感應之意。《說文》：「同，合會也。」《易·乾》：「同聲相應，同氣相求。」《莊子·漁父》：「同類相從，同聲相應，固天之理也。」⑥者者：第一個「者」為「失」之誤。應為「失者」。即失道失德者。⑦德：通「得」。此處作動詞。使得到。⑧薊：同「飄」。⑨兄：通「況」。何況。《白虎通》：「兄，況也。」⑩信不足焉，有不信焉：統治者對群眾沒有充分的信任，群眾自然也就不會信任他。帛書本無此句。參見本書《六十一（通行本第十七章）》「信不足，安有不信」註釋⑧。

【譯文】要盡量少發號施令，少一些道德說教，讓群眾自由發展。狂風不可能刮一個早上，暴雨不可能下一整天。是誰製造了這些狂風暴雨呢？是天地。天地尚且不能長久維持這種劇烈激盪的局面，更何況是人呢！所以用「道」的方式來行事，則冥冥之中會感召「道」與其合一；用「德」的方式行事，會感召「德」與其合一；用失道失德的方式行事，其結果自然也是背道而馳的。與德合一的人，大道也會加持和庇佑他，使其有所得；失道失德之人，大道也會拋棄他。（統治者如果對群眾沒有充分的信任，群眾自然也就不會信任他。）

六十九（通行本第二十五章）

帛書甲本：

有物昆成[1]，先天地生。繡呵繆呵[2]，獨立□□□可以爲天地母。吾未知其名，字[3]之曰「道」；吾強爲之名曰「大[4]」。大曰筮[5]，筮曰□□□□□□□天大，地大，王亦大。國中有四大，而王居一焉。人法地[6]，地法□□□□□□□□□

帛書乙本：

有物昆成，先天地生。蕭呵漻呵[7]，獨立而不玹[8]，可以爲天地母。吾未知其名也，字之曰「道」；吾強爲之名曰「大」。大曰筮，筮曰遠，遠曰反[9]。道大，天大，地大，王亦大。國中有四大，而王居一焉[10]。人法地，地法天[11]，天法道，道法自然[12]。

王弼注本（二十五章）：

有物混成，先天地生。寂兮寥[13]兮，獨立而不改，周行而不殆[14]，可以爲天下母。吾不知其名，字之曰「道」；強爲之名曰「大」。大曰逝，逝曰遠，遠曰反。故道大，天大，地大，王亦大。域[15]中有四大，而王居其一焉。人法地，地法天，天法道，道法自然。

河上公本（象元第二十五）：

有物混成，先天地生。寂兮寥兮，獨立而不改，周行而不殆，可以爲天下母。吾不知其名，字之曰「道」，強爲之名曰「大」。大曰逝，逝曰遠，遠曰反。故道大，天大，地大，王亦大。域中有四大，而王居其一焉。人法地，地法天，天法道，道法自然。

【註釋】①昆成：渾然而成。昆，通「混」，同「渾」，混同、混一、渾然一體。《通訓定聲》：「混，假借為昆。」《集韻》：「混，或作緄，通作昆。」②繡呵繆呵：寂靜而又空虛啊！繡，通「蕭」，冷寂、寂寥貌。繆，通「寥」，靜寂、空虛。呵，同「啊」，語氣詞。③字：動詞。取名；取表字。古人出生三月取名，二十歲成年時舉行冠禮並取字，合稱「名字」。名和字在意義上有所關聯，字往往表徵的是一個人的個性和品質。自稱用名，表示謙虛；稱人用字，表示尊敬。《禮記·曲禮上》：「男子二十，冠而字。」《禮記·檀弓》：「幼名，冠字。」疏：「始生三月而加名，故去幼名；年二十，有為人父之道，朋友等類不可復呼其名，故冠頂加字。」《楚辭·離騷》：「名余曰正則兮，字余曰靈均。」④大：這裏表徵的是「道」的規律，即獨立而不改、周行而不殆。獨立而不改，行容的是道的本體，具有穩定性；周行而不殆，形容的是道的外延，具有運動性。下文的「逝、遠、反」是對「大」這種規律的解釋。⑤筮：「噬」之省寫；「噬」又通「逝」。《通訓定聲》：「噬，假借為逝。」逝，本義是去、往，特指去而不返；又指行。《說文》：「逝，往也。」《廣雅》：「逝，行也。」這裏指大道運行不息、無始無終。《論語·子罕》：「子在川上曰：『逝者如斯夫！不捨晝夜。』」⑥人法地：人效法大地的德性。《易·坤·象曰》：「地勢坤，君子以厚德載物。」⑦蕭：冷寂、寂寥。漻：清靜、寂靜。《韓非子·主道》：「寂乎其無位而處，漻乎莫得其所。」⑧玹：假借為「改」。⑨大曰筮，筮曰遠，遠曰反：筮，通「逝」；反，通「返」。「逝、遠、反」三字揭示了大道以及萬事萬物的普遍發展規律。「逝」者，指時間而言，運動變化、周流不息、無始無終；「遠」者，指空間而言，無遠弗屆、無邊無際、其大無外；「反」者，循環往復、返璞歸真、返本歸元。不論時間、空間還是萬事萬物，都處在不停地運動變化之中，但它們都不是直線發展的，其發展軌跡都是閉環或者是螺旋式的，都遵循發展、發展到極致、返回原點的規律，起點即是終點。舉個例子可以幫助理解，假如有一個人從所在地一直不停往東方走，假以時日，他一定還會回到起點。再比如，甲和乙同時從一個地方出發，一個向東，一個向西，一直不停地走，表面上看他們是南轅北轍、漸行漸遠，永遠不可能遇到，但是事實上，假以時日，他們一定會再次相遇。因為地球是圓的。萬事萬物莫不秉承如此規律。這與辯證法中所講的「肯定——否定——否定之否定」的原理也是一致的。與佛教經典《金剛經》中著名的三句義「如來說世界，非世界，是名世界」「一切法者，即非一切法，是名一切法」也有異曲同工之妙。⑩國中有四大，而王居一焉：這裏的「大」作偉大、博大、重要講。道、天、地的共同特性是，容納萬物、無所不包、毫無偏私，故稱「大」。《呂氏春秋·去私》：「天無私覆也，地無私載也，日月無私燭也，四時無私行也，行其德而萬物得遂長焉。」君王與道、天、地並稱為「大」，自然也應如此才符合大道。老子在這裏將君王與道、天、地並列為「四大」，一方面是告誡君王不要妄自尊大、胡作非為，不要認為自己地位高貴就可以呼風喚雨，而應在大道和天地的框架下行事，效法天地無私的精神；另一方面，又提醒君王，也不可妄自菲薄、輕視自己，因為人與天地並列為三才，可以參贊天地之化育。老子緊接著在下一章就是論述這個問題，這裏是為下文埋下了伏筆。⑪地法天：大地效法天的德性。《易・坤・彖曰》：「至哉坤元，萬物資生，乃順承天。」《易・乾・彖曰》：「大哉乾元、萬物資始，乃統天。」《易・乾・象曰》：「天行健，君子以自強不息。」⑫道法自然：大道的規律就是順其自然。猶如佛學中所說的「法爾如是」。這裏的「法」，與前句略有不同，前句的法作效法、遵循講，這裏作規律、法則講。自，本義為鼻，引申為己身。《說文》：「自，鼻也。」自者，自性也，本自具足也。《六祖壇經》：「何期自性，本自清淨；何期自性，本不生滅；何期自性，本自具足；何期自性，本無動搖；何期自性，能生萬法。」《華嚴經》云：「一切眾生皆具如來智慧德相，然以妄想執著不能證得。」《易・乾》：「天行健，君子以自強不息。」《詩・大雅・文王》：「永言配命，自求多福。」孟子曰：「反求諸己。」王陽明曰：「吾性自足，不假外求。」《了凡四訓》：「命由我作，福自己求。」然，「燃」的本字，即燃燒。自然，本義就是燃燒自己，無私奉獻。自然是萬物之自性，如天地養育萬物、太陽燃燒自己普照大地、父母養育子女、水利萬物而不爭等，均是其自然之性，天地萬物無不是在宇宙中履行自然的使命以奉獻自我。這與佛法中所講的「普度眾生」，儒家講的「兼濟天下」，墨家講的「摩頂放踵以利天下」，乃至我黨的宗旨「全心全意為人民服務」都是一致的。一言以蔽之，曰「無我利他」而已。至此，各家學說殊途同歸，萬法歸一。正如《華嚴經》中說：「不為自己求安樂，但願眾生得離苦。」在成全眾生的過程中，也成就了自己。因萬物均具有自然之性，後引申出自然而然、非外力干預所致的「自然」這層涵義。⑬寥（liáo）：靜寂、空虛。《說文》：「廫，空虛也。字亦作寥。」⑭周行而不殆：永遠處於循環往復的運動之中而不停止。殆，同「怠」，懈怠、停止。帛書本無此句。⑮域：邦國。「域」本作「或」，與「國」同義。《說文》：「域，邦也。」按，「或」者，封也；「國」者，邦也；天子諸侯所守土為域，所建都為邦。帛書本作「國」。

【譯文】有一種事物（指大道），渾然而成，早在天地還沒有產生之前就已經存在了。它寂靜而又空虛（無形無象、無聲無息），不依賴於任何外力而存在，恒久不變，（永遠處於循環往復的運動之中而不停止。）可以把它看作是造生天地萬物的母體。我不知道這個事物的名字，就給它取個字叫作「道」；我姑且把它的運行規律命名叫作「大」。所謂「大」就是說永遠處在發展變化之中，周流不息，運行不止；周流不息，運行不止，以至於延伸到無邊無際、無遠弗屆；看似漸行漸遠，而延伸到極致之後，而又循環往復，返回到原點。道遵循這樣的規律，天遵循這樣的規律，地遵循這樣的規律，君王治國也遵循這樣的規律。世界上有四種堪稱「大」的事物，君王就是其中之一。人類效法大地的德性，大地效法上天的德性，上天效法大道的規律，而大道的終極屬性就是法爾如是、本自具足、燃燒自己、普照萬物、無私奉獻、無我利他。

七十（通行本第二十六章）

帛書甲本：

□爲巠[①]根，淸爲趮君[②]。是以君子衆[③]日行，不蘺其甾重[④]。唯有環官[⑤]，燕處[⑥]□□若。若何萬乘之王[⑦]，而以身巠於天下？巠則失本，趮則失君。

帛書乙本：

重爲輕根[⑧]，靜爲趮君[⑨]。是以君子冬日行，不遠其甾重[⑩]。雖有環官，燕處則昭若[⑪]。若何萬乘之王，而以身輕於天下？輕則失本，趮則失君。

王弼注本（二十六章）：

重爲輕根，靜爲躁君。是以聖人終日行，不離輜重。雖有榮觀，燕處超然[⑫]。奈何萬乘之主，而以身輕天下？輕則失本，躁則失君。

河上公本（重德第二十六）：

重爲輕根，靜爲躁君。是以聖人終日行，不離輜重。雖有榮觀，燕處超然。奈何萬乘之主，而以身輕天下？輕則失臣，躁則失君。

【註釋】①巠：假借為「輕」。②清：假借為「靜」。趮（zào）：同「躁」，動。《管子·心術上》：「搖者不定，趮者不靜。」③衆：假借為「終」。④不蘺其甾重：不離開他的物資行李。蘺，假借為「離」。甾，假借為「輜」，本義指古代一種前後遮蔽的大車。《左傳·宣公十二年》疏：「蔽前後謂之輜，載物必重謂之重。」⑤唯有環官：唯，通「雖」，雖然。《荀子·大略》：「天下之人，唯各特意哉，然而有所共予也。」環，官名，即「環人」。《周禮》「夏官」和「秋官」均置環人。屬夏官者，掌御敵及巡察內外之事；屬秋官者，掌迎送賓客及警衞之事。後以泛稱警衞官員。《左傳·文元年》：「且掌環列之尹。」註：宮衞之官。《周禮·夏官》：「環人掌致師，察軍慝，環四方之故。」註：巡察內外，若環之相循不窮。致師，謂犯敵以誘其出。軍慝，謂敵懷詐潛入我師也。四方有兵戎之故，則環繞而巡之。帛書乙本作「雖有環官」，北大漢簡本作「唯有榮館」，通行本作「雖有榮觀」。⑥燕處：退朝而處；閒居。燕，古同「宴」，安閒、安樂。⑦萬乘（shèng）之王：乘，古代稱兵車，四馬一車為一乘。萬乘，一萬輛兵車。周制，天子地方千里，出兵車萬乘；諸侯地方百里，出兵車千乘，故稱天子為「萬乘」。又，諸侯國小的稱「千乘」，大的稱「萬乘」。通行本作「萬乘之主」。⑧重為輕根：重的事物是輕的事物的根本。比如樹木，輕的樹葉、樹枝在上，重的樹幹、樹根在下。又如，輕的熱空氣上浮，重的冷空氣下降。輕者必以重者為基礎，才能生存。⑨靜為趮君：趮：同「躁」。靜定的事物是躁動的事物的主宰。比如，如果不考慮太陽系的公轉，太陽為靜，行星為動，行星圍繞太陽旋轉，靜止的太陽主宰著運動的行星。又如動物世界，蜂王為靜，工蜂為動，靜的蜂王主宰動的工蜂。又如人的身體，作為外部器官的四肢是活動的，由大腦等處於相對靜止狀態的內部器官支配。又如機器，軸為靜，輪盤為動，輪盤圍繞中心的軸轉動，靜的中心軸主宰著轉動的輪盤。又如，文人謀士運籌帷幄，武將決勝千里等。⑩君子冬日行，不遠其甾重：冬，通「終」；甾，假借為「輜」。此句是對前文「重為輕根」的進一步解釋和舉例說明。輜重，本指軍隊行軍攜帶的軍械、糧草、被服等物資，後也指外出的人攜帶的包裹行李。所載衣食器用，皆為生活所必須，故雖終日之行而不可離。比喻道為身之所必須，亦不可須臾離者也。《禮記·中庸》：「道也者，不可須臾離也，可離非道也。」終日行，輕也；輜重，重也，是輕之本乎重也，即重為輕根也。又，人帶著重物行走，則不會跑跑跳跳，所以必定不會輕浮急躁，比喻從容不迫、穩重的樣子。⑪雖有環官，燕處則昭若：昭，明白、顯著；一說通「超」。昭若，同「超然」，不以外物累其心也。此句是對前文「靜為趮君」的進一步解釋和舉例說明。環官，動也；超然處之，靜也，是動以靜為主也。⑫超然：超然物外、從容不迫、氣定神閒的樣子。自古以來成大事者，皆有「泰山崩於前而色不變，麋鹿興於左而目不瞬」的定力。諸葛亮《誡子書》：「非淡泊無以明志，非寧靜無以致遠。」心浮氣躁、輕浮躁動之人，不能成大事也。

【譯文】重的事物是輕的事物的根本，靜定的事物是躁動的事物的主宰。所以君子整日在外行走，都不會離開他的行李輜重（比喻始終保持淡定穩重、從容不迫）。雖然有負責巡察、警衛的官員圍繞在身邊，他的內心始終保持光光亮亮、清清楚楚、明明白白。（雖然受到眾人擁戴，無比榮耀風光，而退居閒處之時，依然超然物外、從容不迫，淡然處之。）為甚麼擁有萬輛兵車的大國君王，身負天下之重，卻如此輕浮、躁動呢？輕浮就失去了根本，躁動就失去了主宰。

七十一（通行本第二十七章）

帛書甲本：

善行者，無勶跡[1]□言者，無瑕適[2]；善數者，不以檮篟[3]；善閉者，無闔籥[4]而不可啓也。善結者□□約而不可解也。是以聲人恒善悇人[5]，而無棄人，物無棄財，是胃愧明[6]。故善□□□之師；不善人，善人之齎[7]也。不貴其師，不愛其齎，唯知乎大眯[8]，是胃眇要[9]。

帛書乙本：

善行者，無達[10]跡；善言者，無瑕適；善數者，不以檮箖；善閉者，無關籥而不可啓也；善結者，無纆約[11]而不可解也。是以耶人恒善悇人，而無棄人，物無棄財，是胃曳明。故善人，善人之師；不善人，善人之資也。不貴其師，不愛其資，雖知乎大迷，是胃眇要。

王弼注本（二十七章）：

善行無轍跡，善言無瑕讁，善數不用籌策，善閉無關楗[12]而不可開，善結無繩約而不可解。是以聖人常善救人，故無棄人；常善救物，故無棄物，是謂襲明。故善人者，不善人之師；不善人者，善人之資。不貴其師，不愛其資，雖智大迷，是謂要妙。

河上公本（巧用第二十七）：

善行無轍跡，善行無瑕讁，善計不用籌策，善閉無關楗而不可開，善結無繩約而不可解。是以聖人常善救人，故無棄人；常善救物，故無棄物。是謂襲明。故善人者，不善人之師；不善人者，善人之資。不貴其師，不愛其資，雖智大迷，是謂要妙。

【註釋】①善行者無勶（zhé）跡：勶，古通「轍」，即車轍，車輪碾過的痕跡；跡，足跡、腳印。《廣韻》：「跡，足跡也。」善於行走的人，不會留下車轍、足跡。張純一《老子通釋》：「如天起雲，忽有還無；如鳥飛空，當處消滅也。」比喻善於做事的人依道而行，以結果為導向，居其實，而不居其名，能夠不著痕跡、不動聲色、不顯山不漏水地就把事情完成了；事情成功之後，不炫耀、不居功。而不是大張旗鼓、興師動眾。事實上，越是大張旗鼓，事情越不容易成功；越是低調行事，越容易成功。正所謂「事以密成，言以洩敗」。猶如佛家講的「不著相」「三輪體空」。《金剛經》：「若菩薩不住相布施，其福德不可思量。」譚正璧《老子讀本》：「去行之名，取行之實。如兼利而不知以為義，相愛而不知以為仁，務實而不知以為忠，守約而不知以為信。行仁義忠信之名，而不居仁義忠信之名是也。」②瑕適：同「瑕謫」，玉上的斑痕，比喻人的缺點、過失。《管子·水地》：「夫玉瑕適皆見，精也。」尹注：「瑕適，玉疵也。」善於說話的人，不會留下過失。真正善於說話的人，往往不需要說話或者不需要說太多話就可以解決問題。言多必失。不說話或者少說話，自然不會留下過失。《詩·豳風·狼跋》：「德音不瑕。」謫，又作譴責、責罰。譚正壁《老子讀本》：「善言者不令而行，不言而教，而天下自治，故無過，而無可譴責也。」③檮筴（chóu cè）：檮，古同「籌」；筴，通「筞」，同「策」。籌策，即竹碼子，古代計數、運算工具；其形制為橫截面為扁方形的小棒。善於計算的人，不需要使用計算工具。比喻依道行事，不必依賴於籌劃、計謀。《八仙注》：「思前想後，圖謀必事籌畫，此人情之所必爾也；而依道以計，則自然中款，無所用籌策也。」④闗籥（guān yuè）：闗，同「關」，門閂；籥，通「鑰」，鎖鑰。門閂和鎖鑰。善於關閉的人，不需要使用門閂和鎖鑰，也不容易被打開。何則？因隨順事物之天性也。比如，古代的榫卯結構建築，沒有一根釘子，卻能保持長久牢固。讓造物渾然天成，不留絲毫人為的痕跡。⑤聲：假借為「聖」。怵（jiù）：同「救」。《字彙》：「怵，音救。義同。」⑥胃：通「謂」，叫作。愧（yì）明：愧，假借為「習」，通「襲」。通行本即作「襲」。《說文》：「愧，習也。」襲、習古通，因襲。《尚書正義》：「《表記》云『卜筮不相襲』。鄭云：『襲，因也。』然則『習』與『襲』同。重衣謂之襲，習是後因前，故為因也。」明，知常曰明。襲明，即因襲常道，即隨順事物的自然規律來行事。⑦齎：通「資」。憑藉；借鑑；資糧。《爾雅義疏》：「資者，齎之假音也。」《五經文字》「齎，與資同。」《資治通鑑》：「若據而有之，此帝王之資也。」善人在幫助和成就不善之人的過程中，也成就了自己。故曰：「不善人，善人之資。」比如，玄奘大師在西行求法的路上，以其大智慧、大慈悲、大勇猛，攝受兇惡的強盜改惡從善，皈依佛法。正所謂煩惱即菩提，無魔不成佛。「逢魔遇佛皆為度化，雷霆雨露俱是天恩。」善人在正面教化我們，不善人在反面教化我們。有智慧的人，能夠運用方便善巧，將看似不利於自己的惡境界轉化為成就自己的善因緣。⑧唯知乎大眯：即使是有智慧的人都會很迷惑。唯，通「雖」，雖然、即使。眯（mí），通「迷」，迷亂。⑨眇要：微妙而又重要的道理。眇，通「妙」，精微、奧妙。《楚辭·湘君》：「美要眇兮宜脩。」⑩達：通「徹」，又通「轍」。《釋名》：「達，徹也。」《通訓定聲》：「徹，通也。字亦作轍。」⑪纆（mò）約：纆，同「纆」，繩索。《說文》：「纆，索也。」約，本義為繩索，引申為束縛、約束。能束縛一個人的，不在於外在的繩索，而在於內心，也就是名韁利鎖，心上有了枷鎖，則無往不在牢籠之中。人只有解脫名韁利鎖，才會獲得心靈上的自由。⑫關楗：關門的木閂。橫的叫關，豎的叫楗。比喻事物的緊要處。

【譯文】善於行走的人，不會留下車轍、足跡；善於說話的人，不會留下過失被人指責；善於計算的人，不需要籌策等計算工具；善於關閉的人，不需要門閂和鎖鑰，別人也打不開；善於打結的人，不需要繩索，別人也解不開。因此聖人總是善於拯救別人，從而沒有被拋棄的人；善於利用萬物，所以也沒有被拋棄的財物。這是因為聖人遵循自然規律，隨順事物的本性來行事。所以善人，是不善之人的老師；而不善之人，是善人用來成就自己德性的憑藉和資糧。如果不尊重自己的老師，不愛惜使自己成就的資糧，即使是聰明人也會變得很糊塗，這就是微妙而又重要的道理。

七十二（通行本第二十八章）

帛書甲本：

知其雄，守其雌[①]，爲天下谿[②]；爲天下谿，恒德不雞[③]；恒德不雞，復歸嬰兒[④]。知其日[⑤]，守其辱，爲天下浴[⑥]；爲天下浴，恒德乃足；恒德乃□□□□□知其，守其黑[⑦]，爲天下式[⑧]；爲天下式，恒德不貣[⑨]；恒德不貣，復歸於無極[⑩]。楃[⑪]散□□□□人用則爲官長。夫大制無割[⑫]。

帛書乙本：

知其雄，守其雌，爲天下雞[⑬]；爲天下雞，恒德不離；恒德不離，復□□□□□其白，守其辱，爲天下浴；爲天下浴，恒德乃足；恒德乃足，復歸於樸。知其白，守其黑，爲天下式；爲天下式，恒德不貸[⑭]；恒德不貸，復歸於無極。樸散則爲器[⑮]，耶人用則爲官長[⑯]。夫大制無割。

王弼注本（二十八章）：

知其雄，守其雌，爲天下谿；爲天下谿，常德不離，復歸於嬰兒。知其白，守其黑，爲天下式；爲天下式，常德不忒，復歸於無極。知其榮，守其辱，爲天下谷；爲天下谷，常德乃足，復歸於樸。樸散則爲器，聖人用之，則爲官長。故大制不割。

河上公本（反樸第二十八）：

知其雄，守其雌，爲天下谿；爲天下谿，常德不離，復歸於嬰兒。知其白，守其黑，爲天下式；爲天下式，常德不忒，復歸於無極。知其榮，守其辱，爲天下谷；爲天下谷，常德乃足，復歸於樸。樸散則爲器，聖人用之，則爲官長。故大制不割。

【註釋】①知其雄，守其雌：雄性代表雄健、剛強，雌性代表柔弱、安靜。知道甚麼是熊健剛強，卻甘居於柔弱的地位。比喻內剛外柔，即內心強大，外表敢於示弱。換言之，懂得守柔者才是真正的強者，懂得守雌者才是真正的雄者。世間的雄者、強者、剛者、自以為是者、驕縱跋扈者，雖然外表強大，但內心卻沒有力量，忐忑不安，顧慮重重，心無歸宿，所以是真正的弱者。②為天下谿：谿，水流匯聚的地方，本義指流入大河的小河。天下之谿因地勢低而眾水匯聚，比喻謙卑處下。③恒德不雞：雞，假借為「離」，形近相假。《河上公註》：「人能謙下如深谿，則德常在，不復離於己。」④復歸嬰兒：回歸到嬰兒般的赤子之心。嬰兒，至純至真至柔至和，無善惡分別之心，合於自然。孟子曰：「大人者，不失其赤子之心者也。」⑤日：或為「榮」之訛（下一句「知白守黑」漏一「白」字，疑抄寫者將本在下句的「白」字錯寫在此，並寫成了「日」）；一說，假借為「榮」。帛書乙本作「白」，通行本作「榮」。尊榮、高貴。⑥浴：通「谷」，山谷、溪谷。山谷低下空虛，可以含納萬物、含容一切。⑦知其，守其黑：或漏一「白」字。白是指昭然明白，黑是指昏悶愚鈍之貌。知白守黑，即內心清楚明白，而外表表現出愚昧渾噩。「水至清則無魚，人至察則無徒。」應摒棄非黑即白、非此即彼的二元對立的觀念，是非善惡不可太分明，在非原則性問題上，不必過於較真。大事講原則，小事講風格。與人方便，自己方便。得饒人處且饒人，凡事留有餘地，不可做絕。《菜根譚》云：「持身不可太皎潔，一切汙辱垢穢，要茹納得；與人不可太分明，一切善惡賢愚，要包容得。」⑧式：範式、法式、法度、榜樣。⑨貣（tè）：通「忒」。變更；差錯。《通訓定聲》：「貣，假借為忒。」⑩無極：無邊際、無窮盡，泛指恒道。無極而生太極，是宇宙最原始的狀態，類似於道的本體。復歸於無極，即復歸於道。⑪楃：假借為「樸」。⑫大制無割：制，裁制、宰制，比喻治理天下。《說文》：「制，裁也。」割，分割、損害。大制作者不會割裂、傷害事物天然的、渾然一體的本性。正所謂「清水出芙蓉，天然去雕飾。」比喻高明的領導者治理天下，順應自然規律，不會破壞民眾自然發展的創造性。⑬雞：通「奚」，又通「谿」。⑭貸（tè）：《五經文字》：「貸，或相承借為貣字。」「貣」通「忒」。變更；差錯。⑮樸散則為器：樸，未經加工的原木，比喻樸實、質樸的大道。原木經過人為加工，就失去了其質樸之性，變成了一個一個具體的器具。比喻廢棄大道不用，而用人為製作的器。《易·繫辭上》：「形而上者謂之道，形而下者謂之器。」不論是一個國家還是一個組織，當領導者廢棄順應自然、清靜無為的大道而不用，而是依賴於人為制定的各種教條法令、繁文縟節來治理的話，已經是落了下乘了。孔子曰：「君子不器。」君子不應該像器具那樣，作用僅僅限於某一方面。⑯聏人用則為官長：聏，同「聖」。官者，器也，如器官、五官等。原始時期人們淳樸無為，無需設立官員制度，當進入所謂文明社會，淳樸之性逐漸喪失，社會矛盾和衝突加劇，官員制度因應而生。器，來源於道。故，設立官職應順應自然大道，而不可任意而為。

【譯文】內心知道甚麼是雄強，卻甘居於雌柔的地位，成為接納天下萬物的溪澗；成為接納天下萬物的溪澗，真常的德性就永遠不會失去；真常的德性不失去，就能恢復到嬰兒一般無知無欲、至純至真的狀態，永葆赤子之心。知道甚麼是榮耀和尊貴，卻甘居於卑下的地位，能夠忍辱負重，成為容納天下萬物的空谷；成為容納天下萬物的空谷，真常的德性永遠保持圓滿；真常的德性保持圓滿，就能回歸到自然淳樸的狀態。內心清楚明白，卻甘於表現出渾噩愚昧的狀態，成為天下人願意親近和學習的榜樣；成為天下人的榜樣，真常的德性永遠不會有差錯；真常的德性沒有差錯，就能與無邊無際的大道合一。就像原木被去除質樸的本性而被分割，做成了各種具體的器物。器物來源於道，所以聖明的君主，設立官職，應遵循大道、順應自然規律。大制作者不會割裂和破壞萬物渾然天成的本性。

七十三（通行本第二十九章）

帛書甲本：

將欲取天下而爲[①]之，吾見其弗□□□□□□器也，非可爲者也。爲者敗之，執者失之。物[②]或行或隨，或炅[③]或□□□□□或杯或𢴲[④]。是以聲人去甚，去大，去楮[⑤]。

帛書乙本：

將欲取□□□□□□□□□□得已。夫天下，神器[⑥]也，非可爲者也。爲之者敗之，執之者失之。故物或行或隋[⑦]，或熱□□□□或磋[⑧]，或陪或墮[⑨]。是以耶[⑩]人去甚，去大，去諸[⑪]。

王弼注本（二十九章）：

將欲取天下而爲之，吾見其不得已[⑫]。天下神器，不可爲也。爲者敗之，執者失之。故物或行或隨，或歔或吹[⑬]，或強或羸[⑭]，或挫[⑮]或隳。是以聖人去甚，去奢，去泰。

河上公本（無為第二十九）：

將欲取天下而爲之，吾見其不得已。天下神器，不可爲也。爲者敗之，執者失之。故物或行或隨，或呴或吹，或強或羸，或載或隳。是以聖人去甚，去奢，去泰。

【註釋】①取天下而為：為，與「無為」相對，指按照主觀意志盲目作為。張純一《老子通釋》：「天下者，天下人之天下，孰能取而為之？將欲取天下而為之者，吾見其徒勞無功，自身既精疲力竭、不得自在，不能永年而保其無失。又啟亂臣賊子篡逆之心，防不勝防，首領堪虞，終於不得已也。」②物：指自已以外的人或跟自己相對的環境。這裏指眾人、天下人。③炅（jiǒng）：熱。《黃帝內經・素問》：「卒然而痛，得炅則痛立止。」帛書乙本即作「熱」。一說，假借為「噓」。④或杯或撱：杯，假借為「培」，培養、培育。撱（wěi）：拋棄。《集韻》：「（撱）棄也。」⑤聲人去甚，去大，去楮：聲，假借為「聖」。甚，過分、極端。大，好大喜功之意，又通「太」，過分、過甚；又通「泰」，極、甚，驕縱、奢侈。楮，假借為「奢」，過分、誇張。甚、大（太）、楮（奢）均是過分、過度之意。本章全章都是在講治國之事，故這裏顯然也是指治國而言。透出的是治國理政的大智慧，也就是要懂得物極必反、過猶不及的道理，善於把握中庸之道。這與儒家所講的中庸之道是一致的。《尚書・大禹謨》：「道心惟微，人心惟危；惟精惟一，允執厥中。」要允許多元化和多樣性的存在，不能採取一刀切式的做法。不要過分強調某種政策或做法，而是要統籌協調，處理好各種關係，隨時根據形勢發展做出適當調整，維持好整個體系的動態平衡。正所謂「正復為奇，善復為妖。」⑥神器：神聖之物。藉指帝位、國家。《八仙注》：「天下，大器也；曰神，言有神默相之。是則神器之大，擁此者皆當抱樸守雌，不可以有為也。一侈志於為，則粉飾太平，徒滋紛擾，反以敗國；一著意於執，則拘虛膠固，鮮少通變。不惟得之，適以失之矣。」⑦隋：假借為「隨」。跟從。⑧硿（cuǒ）：碎石。引申為脆弱、易碎。⑨或陪或墮：陪：本義為重疊的土堆。培土，引申為培養造就之義。《說文》：「陪，重土也。」朱駿聲通訓：「按，重阜也，所謂再成邱也。」墮，古同「隳」（huī），毀壞。⑩耶：同「聖」。⑪諸：假借為「奢」。⑫不得已：不能取得成功。已，完成、完畢。《廣雅》：「已，成也。」一說「已」通「矣」。⑬或歔或吹：歔，哈氣使溫暖；吹，吹氣使冷卻。人用嘴哈氣是熱的，吹氣是冷的。⑭羸（léi）：瘦弱。⑮挫：摧折。

【譯文】想要通過強力手段來取得天下的治理權，並且按照自己的主觀意願來通過強制手段治理天下，我看他是不可能取得成功的。天下，是神聖的公器，不是可以強行施為的。強行施為，就會失敗；越是強力抓取，越容易失去。天下之人形形色色、林林總總，有的行走在前，有的跟隨在後；有的性情冷淡，需要溫暖，有的性情躁動，需要冷靜；有的強健有力，有的瘦弱單薄；有的值得培養造就，有的只能放棄。所以聖明的君王治理天下，不能偏激，不能好大喜功，不能浮誇，而是要善於把握中庸之道。

七十四（通行本第三十章）

帛書甲本：

以道佐人主，不以兵□□天下□□□□□□所居，楚朸[①]生之。善者果而已矣[②]，毋以取強焉。果而毋驕[③]，果而勿矜，果而□□果而毋得已居，是胃[④]□而不強。物壯而老，是胃之不道，不道蚤[⑤]已。

帛書乙本：

以道佐人主，不以兵強於天下。其□□□□□□□□□棘生之。善者果而已矣，毋以取強焉。果而毋驕，果而勿矜，果□□伐，果而毋得已居，是胃果而強[⑥]。物壯而老，胃之不道，不道蚤已。

王弼注本（三十章）：

以道佐人主者，不以兵強天下。其事好還[⑦]。師之所處，荊棘生焉。大軍之後，必有凶年[⑧]。善有果而已，不敢以取強。果而勿矜，果而勿伐，果而勿驕，果而不得已，果而勿強。物壯則老，是謂不道，不道早已。

河上公本（儉武第三十）：

以道佐人主者，不以兵強天下。其事好還。師之所處，荊棘生焉。大軍之後，必有凶年。善者果而已，不敢以取強。果而勿矜，果而勿伐，果而勿驕，果而不得已，果而勿強。物壯則老，是謂不道，不道早已。

【註釋】①楚朸：即荊棘。楚，一種落葉灌木，又名「荊」。《說文》：「楚，叢木也。一名荊。」朸，通「棘」，酸棗樹，一種落葉喬木，有刺。《詩·大雅》：「如矢斯棘。」《韓詩》作斯朸。②善者果而已矣：能夠實現結果、達到目的就已經很好了。果，實現結果。凡事與預期相合的稱果，不合的稱不果。晉·陶淵明《桃花源記》：「聞之，欣然規往。未果，尋病終。」戰爭是手段，不是目的，戰爭不是為了殺人。戰爭總是為了解決某種問題或者達成某種目的，只要能解決問題、達到預期目的，付出的代價和犧牲自然是越少越好。能夠用和平方式解決的，盡可能不要動用武力手段。《孫子兵法》云：「是故百戰百勝，非善之善者也；不戰而屈人之兵，善之善者也。」又云：「上兵伐謀，其次伐交，其次伐兵，其下攻城。」③驕：同「驕」。傲慢；驕矜。《說文解字注》：「（驕）馬高六尺為驕。一曰野馬。凡驕恣之義當是由此引申。」《左傳·定公十三年》：「富而不驕者鮮，吾唯子之見，驕而不亡者，未之有也。」《史記·魏世家》：「夫諸侯而驕人則失其國，大夫而驕人則失其家。」④胃：通「謂」。叫作。⑤蚤：通「早」。⑥果而強：根據他本，並結合文義，此處似漏一「不」字。應為「果而不強」。⑦好還：因果循環，極易得到報應。用今天的話說，即容易遭到反噬。⑧大軍之後，必有凶年：帛書本無此句，或以為後人傳抄時誤以注文竄入正文。《八仙注》：「終日用師，則農業妨而田疇不治，荊棘叢生。不特此也，殺氣過旺，有傷天地之和，則災祲流行，運所必至。大軍之後，必有凶年，固不卜而早定也。」

【譯文】遵循大道來輔佐君主，不會憑藉武力稱雄稱霸於天下。因為戰爭這件事有傷天地之和氣，極易遭到報應和反噬。大軍所到之處，荊棘叢生。（大戰之後，必有災荒之年。）用兵能達到預期目的就可以罷手了，不要以武力來逞強。達到目的也不要驕傲，達到目的也不要自大，達到目的也不要自誇，達到目的要感覺是出於不得已。這就叫作達到戰爭目的而不逞強。事物太過強盛就意味著即將走向衰敗，炫耀武力、逞強稱雄的行為是不符合大道的，不符合大道就會很快滅亡。

七十五（通行本第三十一章）

帛書甲本：

夫兵[①]者，不祥之器[②]□物或惡之，故有欲者弗居[③]。君子居則貴左，用兵則貴右[④]。故兵者非君子之器也□□不祥之器也，不得已而用之，銛襲爲上[⑤]，勿美也；若美之，是樂殺人也。夫樂殺人，不可以得志於天下矣[⑥]。是以吉事上[⑦]左，喪事上右。是以便將軍居左，上將軍居右[⑧]。言以喪禮居之也。殺人衆，以悲依立之[⑨]；戰勝，以喪禮處之。

帛書乙本：

夫兵者，不祥之器也。物或亞[⑩]□□□□□□□□□□居則貴左，用兵則貴右。故兵者非君子之器，兵者不祥□器也，不得已而用之，銛憹[⑪]爲上，勿美也；若美之，是樂殺人也。夫樂殺人，不可以得志於天下矣。是以吉事□□□□□□是以偏將軍居左，而上將軍居右。言以喪禮居之也。殺□□□□□立之□朕[⑫]，而以喪禮處之。

王弼注本（三十一章）：

夫隹[⑬]兵者，不祥之器，物或惡之，故有道者不處。君子居則貴左，用兵則貴右。兵者，不祥之器，非君子之器，不得已而用之，恬淡[14]爲上。勝而不美，而美之者，是樂殺人。夫樂殺人者，則不可以得志於天下矣。吉事尚左，凶事尚右；偏將軍居左，上將軍居右。言以喪禮處之。殺人之衆，以哀悲泣之；戰勝，以喪禮處之。

河上公本（偃武第三十一）：

夫佳兵[15]，不祥之器，物或惡之，故有道者不處。君子居則貴左，用兵則貴右。兵者，不祥之器，非君子之器，不得已而用之，恬惔[16]爲上。勝而不美，而美之者，是樂殺人。夫樂殺人者，則不可以得志於天下矣。吉事尚左，凶事尚右；偏將軍居左，上將軍居右。言以喪禮處之。殺人之衆，以悲哀泣之；戰勝，以喪禮處之。

【註釋】①兵：本義是兵器、武器。泛指與軍事或戰爭有關的事物。②不祥之器：晁錯《言兵事疏》：「雖然，兵，凶器；戰，危事也。故以大為小，以強為弱，在俯仰之間耳。」③有欲者弗居：想要建功立業的人不會一直依靠武力。有欲者，指想要建功立業、成就一番事業的人。居，有長時間依賴、依靠之義。通行本作「有道者不處」。④居則貴左，用兵則貴右：居，居處，指日常生活。貴左，以左為尊。古人以左為陽，以右為陰；陽主生主吉，陰主殺主凶；日常禮節均遵循左尊右卑，而戰爭、喪葬等凶事的禮節則以右為尊。《禮·檀弓》：「孔子與門人立拱而尚右，二三子亦皆尚右。孔子曰：我則有姊之喪故也，二三子皆尚左。」註：「喪尚右，右，陰也；吉尚左，左，陽也。」⑤銛（xiān）襲為上：銛，鋒利；襲，襲擊、突襲。意思是說如果不得已採取軍事行動，則以用最鋒利的武器速戰速決為貴。因戰火一起，百姓將流離失所，命懸一線。為了盡可能減輕百姓的苦難和軍民的傷亡，要盡快結束戰爭，不宜拖得太久、陷入僵局。正所謂「兵貴神速」。《孫子兵法·九地》：「兵之情主速。」《三國志·魏志·郭嘉傳》：「兵貴神速。今千里襲人，輜重多，難以趣利，且彼聞之，必為備；不如留輜重，輕兵兼道以出，掩其不意。」⑥樂殺人，不可以得志於天下矣：《孟子·梁惠王上》：「孟子見梁惠王。出，語人曰：『望之不似人君，就之不見所畏焉。』卒然問曰：『天下惡乎定？』吾對曰：『定於一。』『孰能一之？』對曰：『不嗜殺人者能一之。』」⑦上：作動詞，崇尚，以……為上、為尊。同「尚」。⑧便將軍居左，上將軍居右：便，通「偏」。上將軍位尊，偏將軍位卑；按照喪事的禮節，則以右為尊、以左為卑，故偏將軍居於左位，上將軍則居右位。陳景元《纂微篇》：「左為陽，主生，故居常則尚左，吉也；右為陰，主死，故喪禮尚右，凶也。夫上將軍專殺則處右，偏將軍不專殺故處左，言用兵之道同於喪禮尚右；今上將軍居右者，是以喪禮置之爾。」⑨以悲依立之：依，假借為「哀」。立，通「涖」，為「涖」的本字，涖臨。以悲哀的心情涖臨現場表示慰問和哀悼。其實，不但是戰爭和軍事行動，而引申開來，凡是對抗性的、有傷天地和氣的手段都要以這樣的態度來看待，比如刑罰。《論語·子張》：「上失其道，民散久矣。如得其情，則哀矜而勿喜。」孔子主張對一時因陷入絕境而犯了錯誤的災民，要抱有憐憫同情的態度，不要因為抓住了他們而慶幸。孔子所說的「哀矜勿喜」與老子所說的「以悲哀涖之」，其內在精神是一致的。⑩亞：通「惡」。厭惡。⑪櫳：假借為「襲」。⑫朕：假借為「勝」。⑬佳：古同「惟」，發語詞。⑭恬淡：恬靜淡泊。指以平常心視之，不要過分熱衷於戰爭。⑮夫佳兵：佳或為「隹」之訛。一說，佳兵指精良的兵器。⑯恬惔（dàn）：同「恬淡」。

【譯文】話說兵器這種東西，是不祥的器物。人們大概都很厭惡它，所以有志於建功立業的人不會依賴於它。君子日常生活中的禮儀以左為尊，而用兵打仗則以右為尊，所以兵器不是君子所應該使用的器物。兵器是不祥的器物，在不得已的情況下才會使用它，而且以速戰速決為貴，而且即使戰勝了也不要讚美。如果讚美它，則是以殺人為樂。而如果以殺人為樂，則是不可能獲得天下人的支持和擁護的。所以辦理吉慶的禮儀時以左為尊，凶喪之禮則以右為尊。所以用兵打仗時，職位低的偏將軍在左位，職位高的上將軍在右位。這是說要用喪禮來對待兵事。在戰爭中即使殺死敵人眾多，也不要高興，而要用悲哀的心情蒞臨現場表示慰問和悼念；打了勝仗，要用喪事的禮節來處理善後事宜。

七十六（通行本第三十二章）

帛書甲本：

道恒無名，楃[①]，唯□□□□□□□□□王若能守之，萬物將自賓[②]。天地相谷[③]，以俞甘洛[④]，民莫之□□□□焉。始制有□□□□有，夫□□□□□□□所以不□俾[⑤]道之在□□□□□浴[⑥]之於江海也。

帛書乙本：

道恒無名，樸，唯[⑦]小，而天下弗敢臣。侯王若能守之，萬物將自賓。天地相合，以俞甘洛□□□令而自均焉。始制有名[⑧]，名亦既有，夫亦將知止，知止所以不殆。卑[⑨]□□在天下也，猶小浴之與江海也。

王弼注本（三十二章）：

道常無名，樸，雖小，天下莫能臣也。侯王若能守之，萬物將自賓。天地相合，以降甘露，民莫之令而自均。始制有名，名亦既有，夫亦將知止，知止可以不殆。譬道之在天下，猶川谷之與江海。

河上公本（聖德第三十二）：

道常無名，樸，雖小，天下不敢臣。侯王若能守之，萬物將自賓。天地相合，以降甘露，民莫之令而自均。始制有名，名亦既有，天亦將知之，知之所以不殆。譬道之在天下，猶川谷之與江海。

【註釋】①楃：假借為「樸」。本義是未經加工過的原木。質樸、樸實。②自賓：賓，賓從、服從、歸服。《史記· 五帝本紀》：「諸侯咸來賓從。」指侯王若能堅守以道治國，天下萬物也將自行賓服歸順。引申開來，自賓也可以理解為把自己看作是這個世界的賓客。這可以作為一個很重要的處世心法，有效解決精神內耗。《道經· 三十四》：「吾不敢為主而為客。」李白說：「天地者，萬物之逆旅；光陰者，百代之過客。」蘇軾說：「人生如逆旅，我亦是行人。」人生如戲，人生如夢，人生百年如過客。把自己看作是地球的過客，扮演好自己的角色，盡人事以聽天命；而又不要入戲太深，不必太執著，把人生的過程當作一種體驗。同時，當把自己當作客人，一般都會入鄉隨俗、客隨主便，禮貌客氣、尊重主人，與主人相安無事，一般不太會去過分地麻煩或者苛責主人，不會喧賓奪主；也不會貪著物質財富，知道生不帶來、死不帶去，不求所有，但求所用。「天地之間，物各有主，苟非吾之所有，雖一毫而莫取。」正如《易· 旅卦· 彖曰》：「旅，小亨，柔得中乎外，而順乎剛。」意思是當在外旅居或者做客時，要保持內在的充實剛建，和外在的柔和謙遜。范仲淹在註解「旅卦」時說：「夫旅人之志，卑則自辱，高則見嫉；能執其中，可謂智矣。」當以「自賓」的心態度過人生時，就會不卑不亢、淡定從容，更不會危害他人和社會。③天地相谷：谷，假借為「合」。《易· 泰卦・彖曰》：「天地交而萬物通也。」《莊子・達生》：「天地者，萬物之父母也。合則成體，散則成始。」《荀子・禮論》：「天地合而萬物生，陰陽接而變化起。」《禮記・郊特牲》：「天地合，而後萬物興焉。」④以俞甘洛：而降下甘霖。俞，假借為「輸」，灌輸、灌注，引申為降雨。洛，「露」之省文。甘露，即甘美的雨露。⑤俾（bǐ）：使；從。一說，假借為「譬」，打比方。⑥浴：假借為「谷」。⑦唯：通「雖」。雖然。⑧始制有名：這裏的主語應該是前文的「侯王」。名者，命也。萬物眾生本是大道生成；為萬物眾生命名、賦予名位，本是天的權力。如果侯王遵循大道而賦予眾生名位，則如前文所說的，結果必然是風調雨順。而如果侯王不遵大道，按照主觀意志人為地強行為眾生萬物命名、賦予名位，會導致混亂失序，結果就是天下大亂。意思是提醒侯王懂得適可而止，不可濫用權力，隨意按照自己的喜好賦予眾生名位；而應遵循大道，以大道君臨天下，則萬物眾生將如磁石吸鐵，自動歸正、各得其所。⑨卑：通「俾」。《說文》：「俾，益也。古或假卑為俾。」

【譯文】大道從來都是處於一種混混沌沌、莫可名狀的狀態，它質樸如原木，雖然很微細，但是天下沒有人能夠使它臣服。王侯如果能夠遵循大道，天下萬物將自行歸服。天地交合，而降下甘美的雨露；並沒有人指使它，而自然分布均勻。（侯王）開始遵循大道建立一套制度，為萬物眾生賦予名位，名位和制度一旦有了，就應當適可而止，不可濫用天賦的權位，懂得適可而止才不會有危險。聖明的君王只要遵循大道君臨天下，那麼萬物眾生將從而歸之、自動規正、各得其所，猶如江海無意於眾流，而所有的小河、溪流最終都要匯聚於江海。

七十七（通行本第三十三章）

帛書甲本：

知人者知[①]也，自知□□□□□者有力也，自勝者□□□□□□也，強行者有志[②]也。不失其所[③]者久也，死不忘[④]者壽也。

帛書乙本：

知人者知也，自知明也。朕[⑤]人者有力也，自朕者強也。知足者富也，強行者有志也。不失其所者久也，死而不忘者壽也。

王弼注本（三十三章）：

知人者智，自知者明。勝人者有力，自勝者強。知足者富，強行者有志。不失其所者久，死而不亡者壽。

河上公本（辯德第三十三）：

知人者智，自知者明。勝人者有力，自勝者強。知足者富，強行者有志。不失其所者久，死而不亡者壽。

【註釋】①知人者知：第一個「知」是知道、了解的意思。第二個「知」通「智」，聰慧、睿智。②強行者有志：強，竭力、盡力；強行者，指堅持不懈、持之以恒者；志，志氣。正所謂「無志之人常立志，有志之人立長志。」《後漢書· 耿弇傳》:「將軍前在南陽,建此大策,常以為落落難合,有志者事竟成也。」《八仙注》:「人類不能自強,遇艱深卓絕之事,便推諉不敢向前,無志故也。苟能勉強以行仁義,則謂之有志矣。所者何?性也,即樸也。」③不失其所:即得其所。萬物找到了適合自己天性的環境和歸宿,則必然長久。④忘:通「亡」。《漢書· 戾太子傳》:「臣聞子胥盡忠而忘其號,比干盡仁而遺其身。」顏師古注:「忘,亡也。吳王殺之,被以惡名,失其善稱號。」⑤朕:假借為「勝」。

【譯文】 能夠看清別人的人,是聰明的;能夠真正了解自己的人,才是高明的。能夠戰勝別人的人,是有力量的;能夠戰勝自我的人,才是真正的強大。懂得滿足、適可而止的人,是真正的富足;能夠堅持不懈、持之以恒去行動的人,才是真正的有志氣。能夠找到適合自己天性的環境和歸宿的人,可以長久立足;身雖死而其道德和精神長存的人,是真正的長壽。

七十八（通行本第三十四章）

帛書甲本：

道□□□□□□□□□遂事，而弗名有也，萬物歸焉，而弗爲主，則恒無欲也，可名於小。萬物歸焉□□爲主，可名於大。是□聲人之能成大也，以其不爲大也，故能成大[①]。

帛書乙本：

道渢呵[②]，其可左右也。成功遂□□弗名有也，萬物歸焉而弗爲主，則恒無欲也，可名於小。萬物歸焉而弗爲主，可命[③]於大。是以耶[④]人之能成大也，以其不爲大也，故能成大。

王弼注本（三十四章）：

大道氾[⑤]兮，其可左右。萬物恃之而生而不辭，功成不名有，衣養萬物而不爲主，常無欲，可名於小。萬物歸焉而不爲主，可名爲大。以其終不自爲大，故能成其大。

河上公本（任成第三十四）：

大道氾兮，其可左右。萬物恃之而生而不辭，功成不名有，愛養萬物而不爲主，常無欲，可名於小。萬物歸焉而不爲主，可名爲大。是以聖人終不爲大，故能成其大。

【註釋】①以其不為大也，故能成大：因為他並不以偉大自居，所以能夠成就真正的偉大。真正的偉大不在於自我標榜和炫耀，而在於默默無聞的積累和貢獻。②渢呵：渢，通「泛」，廣泛、普遍。呵，通「啊」，語氣詞。③命：命名。通「名」。④聖：同「聖」。⑤氾：同「泛」。

【譯文】大道是多麼廣泛而普遍啊，它可左可右無處不在。大道成就了萬物而從來不佔為己有，（萬物依賴它生存，而它從不推辭。）萬物都歸附於大道而大道卻從來不會主宰控制萬物，大道永遠沒有私欲，可以說是很渺小了。萬物都歸附於大道而大道卻從來不會主宰控制萬物，這又可以說是很偉大。所以依道而行的聖人之所以能夠成為偉大的人，就是因為他並不以偉大自居，所以能夠成就真正的偉大。

七十九（通行本第三十五章）

帛書甲本：

執大象[①]□□往[②]。往而不害[③]，安平太[④]，樂與餌[⑤]。過格[⑥]止。故道之出言[⑦]也，曰談呵[⑧]其無味也□□不足見也，聽之不足聞也，用之不可既[⑨]也。

帛書乙本：

執大象，天下往；往而不害，安平太，樂與□過格止。故道之出言也，曰淡呵其無味也。視之不足見也，聽之不足聞也，用之不可既也。

王弼注本（三十五章）：

執大象，天下往。往而不害，安平太，樂與餌，過客止。道之出口，淡乎其無味，視之不足見，聽之不足聞，用之不可既。

河上公本（仁德第三十五）：

執大象，天下往。往而不害，安平太，樂與餌，過客止。道之出口，淡乎其無味，視之不足見，聽之不足聞，用之不可既。

【註釋】①大象：比喻大道。②往：嚮往，歸附。③害：通「轄」，統制、轄制。《釋名》:「轄,害也,車之禁害也。」④安平太:安,安寧;又作連詞,乃、於是。平,寧靜安舒;太,通「泰」,祥和。⑤樂與餌:音樂與美食。餌,本義指糕餅,泛指食物。大多數版本將此句段入下句,其實不通,意思牽強。筆者認為應跟在「安平太」之後,描述的是眾人平安祥和,享用音樂和美食的狀態。⑥過格止:過,過度、濫用。格,格子,引申為格式、程式、規則、法令、制度等條條框框的東西。《禮記·緇衣》:「言有物而行有格也。」龔自珍《己亥雜詩》:「我勸天公重抖擻,不拘一格降人才。」止,停止。意思是,一旦人為地設定了過多的規則、法令、制度,那麼所有人就都不平等、不自在了,互相之間就有了隔膜,那種輕鬆自在的狀態也就隨之停止了,會出現越來越多的糾紛、矛盾。這時往往又制定更多的規章制度來解決這些糾紛矛盾,其實是治標不治本,形成惡性循環。大道至簡,人為地制定各種條條框框,實際上是將簡單問題複雜化,正所謂「天下本無事,庸人自擾之」。⑦言:本義是說話,引申為政令、號令。《國語·周語》:「有不祭則修意,有不祀則修言。」韋昭注:「言,號令也。」⑧談:假借為「淡」,清淡。呵:通「啊」,語氣詞。⑨既:盡,完畢。比喻制定政策法令應當依道而行,不要採取激烈的、對抗式的、鬥爭式的嚴刑峻法,不要過度濫用法令來治理國家,而應潤物細無聲,使群眾感受不到它的存在,「百姓日用而不知」,卻無形中發揮著源源不斷、無窮無盡的作用。

【譯文】執守住大道,天下人都會自動前來歸附。天下人前來歸附,卻不轄制操控他們,於是大家就都過著安寧、平靜、祥和的生活,一起自由自在地享用著音樂和美食。而一旦設立了過多的規則、法令、

制度等條條框框的東西之後，這種美好就停止了。所以遵循大道來制定的政令，應當是品嘗起來清淡無味，看起來好像看不見，聽起來好像聽不到，使群眾好像感受不到它的存在，而發揮的作用卻是無窮無盡、源源不斷的。

八十（通行本第三十六章）

帛書甲本：

將欲拾[①]之，必古[②]張之；將欲弱之□□強之；將欲去之，必古與之；將欲奪之，必古予之。是胃微明[③]。友[④]弱勝強。魚不□脫於瀟[⑤]，邦利器不可以視[⑥]人。

帛書乙本：

將欲搶[⑦]之，必古張之；將欲弱之，必古強之；將欲去之，必古與之；將欲奪之，必古予□是胃微明。柔弱朕[⑧]強。魚不可說[⑨]於淵，國利器不可以示人。

王弼注本（三十六章）：

將欲歙之，必固張之；將欲弱之，必固強之；將欲廢之，必固興之；將欲奪之，必固與之。是謂微明。柔弱勝剛強。魚不可脫於淵，國之利器不可以示人。

河上公本（微明第三十六）：

將欲噏之，必固張之；將欲弱之，必固強之；將欲廢之，必固興之；將欲奪之，必固與之。是謂微明。柔弱勝剛強。魚不可脫於淵，國之利器不可以示人。

【註釋】①拾（xī）：假借為「搶」，同「歙」。本義為縮鼻，引申為收縮、斂息。《說文》：「歙，縮鼻也。」②古：假借為「固」。一定、必定。③胃：通「謂」。叫作。微明：本義指天亮前出現的微弱光亮，泛指見微知著、察知微妙之理而見收顯著之效。比喻深諳陰陽之道、物極必反之理，故知萬物「歙弱去奪」與「張強與予」彼此相生、先後相隨。④友：假借為「柔」。⑤潚：假借為「淵」，深水。⑥視：通「示」。給人看。⑦搶：同「歙」。收縮、斂息。⑧朕：假借為「勝」。⑨說：假借為「脫」。

【譯文】想要壓縮他，一定要先讓他擴張；想要削弱他，一定要先讓他加強；想要除去他，一定要先誇獎、抬舉他；想要奪取他的東西，一定要先給予他一些好處。這就叫作察知微妙之理而收到顯著之效的智慧。柔弱能夠戰勝剛強。魚兒不能離開水，國家的有力武器不能輕易展示給人看。

八十一（通行本第三十七章）

帛書甲本：

道恒無名，侯王若守之，萬物將自𢙗[①]。𢙗而欲□□□□□□□名之楃[②]□□□無名之楃，夫將不辱。不辱以情[③]，天地將自正。

帛書乙本：

道恒無名，侯王若能守之，萬物將自化。化而欲作，吾將闐[④]之以無名之樸。闐之以無名之樸，夫將不辱。不辱以靜，天地將自正。

王弼注本（三十七章）：

道常無爲而無不爲，侯王若能守之，萬物將自化。化而欲作，吾將鎮之以無名之樸。無名之樸，夫亦將無欲。不欲以靜，天下將自定。

河上公本（為政第三十七）：

道常無爲而無不爲，侯王若能守之，萬物將自化。化而欲作，吾將鎮之以無名之樸。無名之樸，亦將不欲。不欲以靜，天下將自定。

【註釋】①憂（huà）：同「化」。化育。②楃：假借為「樸」。③情：假借為「靜」。④闐：通「填」。填補、彌補。

【譯文】大道永遠處於一種默默無聞的狀態，它看似甚麼都沒做，但是卻什麼都做了。侯王如果能夠執守大道，萬物將自行化育、自然生長。萬物自我化育的過程中如果產生了私欲，我將用大道的那種最樸實的力量來填補充實他們，化解他們的私欲。有了大道的樸實的力量，他們也就不會被私欲所汙染。不沾染私欲，然後回歸到清靜自然的狀態，天地萬物自然而然變得太平安定。

附錄：王恩洋《老子學案》

【編者按】《老子學案》，是近現代著名佛學家、中國佛學院教授王恩洋先生所著的一部哲學論著，係根據其在家鄉四川南充龜山書院爲諸生講國學時的講稿整理而成。該著重點對老子學說進行了研究和評價。共分三部分：第一部分「導言」，考證了老子其人其學說，論述了著者化國學爲世界之學、改革西化、重建全人類新文明的願望與思想；第二部分「老子學說」，從老學之起因、求治學者之過、無爲而無不爲、自勝而畜物等方面分析了老子的思想；第三部分「評論」，主要說明了老學對人生的貢獻，對文化的救正，並結合作者自己的思想，對老學進行了修正和補足。該著立論中肯，融會貫通，條分縷析，深入淺出，甚有可取之處，可以幫助讀者更好地了解老子其人其書。故茲附錄1939年上海佛學書局版《老子學案》（《龜山叢書》第六種），並進行適當的調整和點校，以饗讀者。（註：一、王氏所引《道德經》文字與通行本有所出入，未作改動，一仍其舊；二、王氏在《道德經》句中或句尾作解釋處，原本就用括號，除了改小一號字之外，其餘未作改動。）

一 導言

老子爲道家之祖，《莊子·天下篇》稱之爲「古之博大眞人」。《史記》列傳載其姓氏、里居、官守、子孫及與孔子問答之詞，至爲詳盡。然傳中復言老萊子亦楚人也，著書十五篇言道家之用，與孔子同時云。又載孔子死後百二十九年周太史儋見秦獻公之言，而云，或曰儋卽老子，或曰非也，世莫知其然否。故老子在當時，已成傳疑神秘中人物。卽孔子「猶龍」之嘆，特從利害立言，亦與聖人平生之言不類。蓋道家子孫增益附會之辭，以自標榜者也。然《禮記·曾子問》篇，孔子數稱老聃之言，儒者亦確認孔子問禮於老聃。則老子確有其人，與孔子並世而生，年長於孔子，孔子曾受其益，此無可疑者也。《史記》曰：「老子修道德，其學以自隱無名爲務。」又曰：「老子，隱君子也。」又曰：「李耳無爲自化，清淨自正。」是亦老子定評。

至於《老子》一書，是否確爲與孔子並世之老聃所作，則今世多有疑之者。吾讀其書，詞義苦切，筆鋒動人。劉生良俊謂與《國策》同，當爲戰國時人所作。蓋七雄並爭，豪士群起，權謀相傾，禍亂彌烈。深識靜觀之士，感於人智進化之積弊，針對當時，下之藥石，自不無矯枉過正、過激已甚之辭。乃其學說思想自有重心，矯然獨樹一幟，苟非如《天下篇》所稱之「博大眞人」，弗能爲也。故此書不以是否春秋時之老聃所作，而重輕其價值；而老聃之精神思想，轉以此書而崇高顯著。其能爲數千年道家所祖述，有以也。

顧《老子》書不易讀，格言、善訓分散各章，略無統紀。註解百家，雖各有發明，亦未有條貫系統之作，使人讀而易得其旨趣。今爲諸生講國學，乃條而理之，貫而通之，錯綜全書各章，以義類相從，自顯之隱，從始徹終，共十二章，各爲分疏，發其奧義。而老學之眉目清晰，眞面可睹矣。下篇復抉擇至理，指正得失，分別同異，釐定眞僞，共爲五章。欲使治老學者，得其眞，復不囿於其境也。

方今滄海橫流，異說朋興，西方文明，獨霸人心，而禍亂彌甚，天地不寧。憂心世道者，有改造文化之議；顧慮國本者，有復興文教之思。夫改革西洋文明，必當有憑藉；復興故國文化，必有深切之認識，又必加以淘煉整理，去滓留純。使學者知所入門，學之者復免其弊。夫然乃可以振發幽光，恢宏至理。是非褒貶，大公無私，釐然有當於人心，乃可以化國學爲世界之學，而改革西化，重建全人類之新文明也。此其事業之偉大，非明聖孰能任之？今此之作，特爲之嚆矢耳。

二 老子學說

(一)老學之起因

《老子》五千餘言，崇尚道德，黜賤人為，乃感於衰世人情巧僞而發，足以補救人類文明進化之弊。茲申其義如次。

歷史紀載，人類由洪荒以迄於文明，人類之所賴以生存者，實由人類智識能力次第開發而努力創造之所致。如我國歷史所載，有巢氏教民構木爲巢，燧人氏教民鑽木取火，伏羲教佃魚牧畜，神農教稼穡醫藥，黃帝製衣裳，作文字，製舟車甲兵。至於堯、舜、禹之平洪水，敷文教，湯、武革命，周公制禮作樂。一切一切，無不自人之智力與造作辛苦得來。是故有爲者，乃人類社會之所由以進化，絕對不可廢棄者也。《易》曰：「天行健，君子以自強不息。」又曰：「乾坤毀則無以見《易》。《易》不可見，乾坤或幾乎息矣。」然則無爲之教何自而起乎？曰：起於人爲之弊。其弊云何？

(二)人為之弊

蓋人類皆有求生存之欲；欲求生存，必假借外物以爲養；欲得外物之養，必發展其智力以營爲；由智力營爲，而物得；物得，而欲給；欲給，而樂生；樂生，而愛起；愛故貪求無厭；貪求無厭，則倍竭其智力以營爲；營爲愈甚，所獲愈多；獲求愈多，而欲貪愈熾；欲貪愈熾，則不恤役身以殉物，而詐僞出，爭奪起，反至於賊害身命。本以求生，而反以速其死矣。老子曰：

五色令人目盲，五音令人耳聾，五味令人口爽，馳騁田獵令人心發狂，難得之貨令人行妨。

出生入死，生之徒十有三，死之徒十有三，動之死地十有三。夫何故？以其生生之厚。

……民之輕死，以其生生之厚也，是以輕死。……

夫人之有求於外物，本所以養身也，而聲色之逐逐，適足以戕身；人之求生，本所以祈免死也，而生生之厚，適足以出生而入之於死，忘身而輕死。是非與人求生取物之本意相違也哉？

逐物貪生之弊，又不但害其身而已，貪求則必爭，爭則必至於盜殺。人民則互相詐害，國君則暴虐人民，侵略異國，而戰亂生焉。老子曰：

不尚賢，使民不爭；不貴難得之貨，使民不為盜；不見可欲，使心不亂。……

天下有道，卻走馬以糞；天下無道，戎馬生於郊。罪莫大於可欲，禍莫大於不知足，咎莫大於欲得。……

……朝甚除，田甚蕪，倉甚虛，服文采，帶利劍，厭飲食，資貨有餘，是謂盜夸，非道哉！

（三）求治者之過

人類因貪生逐物，而至於戕身害生、爲盜爲亂。有賢智者起，不忍視其爭亂，而思有以治之，於是盡其智力以與之爭。爲之政令刑罰以威之，爲之仁義禮法以範之，以爲可以我之智力治彼之禍亂也。而不知民之所以至於爭亂者，正以其多欲多智、多求多得之故也。今復以此道而治之，是謂以水濟水、以火濟火，無益於事，反加害焉。此又爲治者之過也。故老子曰：

將欲取天下而為之，吾見其不得已。（本義已語辭。）天下神器，不可為也。為者敗之，執者失之。……

……天下多忌諱，而民彌貧；民多利器，國家滋昏；人多技巧，奇物滋起；法令滋章，盜賊多有。……其政悶悶，其民淳淳；其政察察，其民缺缺。……

古之善為道者，非以明民，將以愚之。民之難治，以其智多，是以難治。故以智治國，國之賊；不以智治國，國之福。……

……民不畏死，奈何以死懼之！……

……民之難治，以其上之有為，是以難治。……

（四）救弊之道

然則將如之何以治天下乎？曰：在使人皆知足知止，而不爲過分之求。使養生之道，適可而止，苟足以資足其身而已，不求富樂。更不可縱其貪欲，而長其侈心。苟能淳樸自安，則民無禍害矣。故曰：

是以聖人之治，虛其心，實其腹；弱其志，強其骨。常使無知無欲，使夫知者不敢為也。為無為，則無不治。

虛心，心無知巧以取物也；弱志，無有熱烈強猛之貪欲也。即是常使無知無欲，實腹強骨，則應有之生活亦必使之周給。食之飽，故腹實；腹實，故骨強。營養足，則筋骨強也。蓋實腹強骨之道，無取乎多知多欲。而不知止足者，每因多知多欲，反戕害其身也。老子又曰：

持而盈之，不如其已；揣而銳之，不可長保。金玉滿堂，莫之能守；富貴而驕，自遺其咎。功成名遂身退，天之道。

聖人為腹不為目。

聖人去甚，去奢，去泰。

知止所以不殆。

知足者富。

名與身孰親？身與貨孰多？得與亡孰病？是故甚愛必大費，多藏必厚亡。

知足不辱，知止不殆，可以長久。

知足之足，常足矣。

治人事天，莫若嗇。

民不畏威，大威至矣。無狹其所居，無厭其所生。

無狹其所居，足於己不外求也；無厭其所生，安其分，不貪得也。夫然故能甘其食，美其服，安其居，樂其俗，老死而不遠徙。不以身殉物，則不敢爲非分之圖，而犯法亂紀；不畏威以取，大威之至矣。故曰：

小國寡民，使有什伯之器而不用，使民重死而遠徙。雖有舟車，無所乘之；雖有甲兵，無所陳之。使民復結繩而用之。甘其食，美其服，安其居，樂其俗。鄰國相望，雞犬之聲相聞，民至老死不相往來。

什伯之器不用，不貴難得之貨也。重死，畏死也，故不遠徙以逐物也，則舟車無用乘之。無求則不爭，甲兵不陳也。欲淺而事簡，故可結繩而治也。甘食美衣、安居樂俗，非求食之甘，乃至俗之樂，乃即此樸質簡單之食衣居俗，習焉，安焉，不見異物而遷焉，則自以爲甘美，而安樂之不厭也。設求甘美於衣食，則貪欲無厭，而甘美無定，逐物忘返，終無眞甘美之一日也。故唯知足知止者，乃能得眞樂，乃能領受人生之眞趣也。舟車不用，甲兵不陳，結繩而治，天下寧有爭奪殺戮之禍也歟？人生大患，至此一切解除矣。

（五）為治之道

將欲使民無知無欲、知足知止，非聖人以身先之不可。欲當清淨自正，無爲無事，絕棄聖智，無欲無求，以安天下。

故曰：

愛民治國，能無為乎？……明白四達，能無知乎？……

絕聖棄智，民利百倍；絕仁棄義，民復孝慈；絕巧棄利，盜賊無有。此三者以為文不足，故令有所屬。見素抱樸，少私寡欲。

……無欲以靜，天下將自正。

聖人云：「我無為而民自化，我好靜而民自正，我無事而民自富，我無欲而民自樸。」（此章蓋謂世之所以多爭亂者，皆為民上者有以播其惡於眾。苟能率之以正，則民自正；苟子之不欲，雖賞之不竊也。）

……為者敗之，執者失之。是以聖人無為故無敗，無執故無失。……

又且必自處於卑下，而不敢爲天下先。自守柔弱，而不敢爭天下。故曰：

上善若水。水善利萬物而不爭，處眾人之所惡，故幾於道。居善地，心善淵，與善仁，言善信，政善治，事善能，動善時。夫唯不爭，故無尤。

以道佐人主者，不以兵強天下。其事好還。……

……故貴必以賤為本，高必以下為基。是以侯王自稱孤、寡、不穀，此其以賤為本，非乎？故致數輿無輿，不欲琭琭如玉、落落如石。

大國者下流，天下之交。天下之牝，常以靜勝牡，牝以靜為下。

故大國以下小國，則取小國；小國以下大國，則取大國。或下以取，或下而取。大國不過欲兼畜人，小國不過欲出事人。夫兩者各得其所欲，故大者宜為下。

江海所以能為百谷王者，以其善下之，故能為百谷王。是以欲上民，必以言下之。欲先民，必以身後之。是以聖人處上而民不重，處前而民不害，是以天下樂推而不厭。以其不爭，故天下莫能與之爭。

（六）無為而無不為

於此有一大問題，卽旣絕人爲，無欲無求，無識無知，居卑處柔，此與草木鳥獸何以異哉？曰：老子之所謂無爲，非全無爲，乃順道而爲，不雜以人爲於其間，因勢利導而不強其所不可爲。夫能順道而無私，因應自然而不勉強，則自能爲也而無所爲，無爲也而無不爲。故曰：

是以智者不敢為也。為無為，則無不治。

三十輻，共一轂，當其無，有車之用。埏埴以為器，當其無，有器之用。鑿戶牖以為室，當其無，有室之用。故有之以為利，無之以為用。（此言有無之必相輔乃成其用，不可執有而廢無也。則亦焉能執無而廢有哉？）

為學日益，為道日損。損之又損，以至於無為。無為而無不為矣。故取天下者常以無事；及其有事，不足以取天下。

為無為，事無事，味無味，大小多少，報怨以德。圖難於其易，為大於其細。……

是以聖人欲不欲，不貴難得之貨；學不學，復眾人之所過。以恃萬物之自然，而不敢為。

（七）去智而用明

又老子之所以惡夫智者，非欲人之愚如鹿豕，而頑如木石；乃謂不可以小巧私智以自害也。小巧私智，爲求利也，爲欲得也。疲竭聰明以與物相競，適以互毀，是以賤之。乃眞正之智，則順道而澈夫至理，不競小利而全夫大功，遠離大害者，是謂大智，是謂明也，乃爲知道者所重。故曰：

致虛極，守靜篤，萬物並作，吾以觀其復。夫物芸芸，各歸其根。歸根曰靜，是謂復命，復命曰常。知常曰明；不知常，妄作凶。知常容，容乃公，公乃王，王乃天，天乃道，道乃久，殁身不殆。

此之所謂明，乃能智澈萬物之終始，而會其循環往復之常理者也。知常者，不蔽於一端，故不見利而忘其害，得少而失其全，以至妄作取凶。乃此知常之明，澈萬物之終始而得其究竟之理，非經一番修爲功夫不可。其功夫奈何？曰：致虛極，不挾成見私意於其間也；守靜篤，不以嗜欲亂心也。虛故能受物，靜故受物而不爲物亂。如此則如明鏡止水，物來順應。吾以虛靜之心，觀察其作復終始之故，則物何不格，而何理不窮哉？故能知其復命之常而明矣。明故能容，無蔽故也；容乃公，無私故也；公乃王，人自歸往也；王乃天，與天合其德也；天乃道，化成萬物而無爲也；道乃久，居德體道，盛德大業，故爾久也。歿身不殆，無過無咎，何殆之有？又曰：

知人者智，自知者明。

此言明者不騖外逐物，而在反觀自見也。又曰：

前識者，道之華，而愚之始也。

此言大智不貴役心智以求前知，而誇人以爲異也。又曰：

大巧若拙，大辯若訥。

不出戶，知天下。不窺牖，見天道。其出彌遠，其知彌少。

見小曰明。守柔曰強。用其光，復歸其明，無遺身殃，是謂襲常。

知和曰常，知常曰明。

夫然老子所貴者明，所惡者智。智謂私意機變之巧，明乃順理體道之功。用智者勞，用明者逸。用智者多蔽，用明者大公。用智者以己役物，用明者順應自然而已。今之科學亦重客觀態度，否則無以得物象之眞，但爲自我之意見而已。此之明，乃爲大智，而豈同於草本鹿豕也哉？

（八）無為而兼濟

老子之所謂無欲，亦非全無意願之謂，乃無妄想貪求之謂。若能適可而止，大公無私，則欲亦非所禁。欲而不背乎道，則人己兼濟矣。故曰：

天長地久。天地所以能長且久者，以其不自生，故能長生。是以聖人後其身而身先，外其身而身存。非以其無私耶？故能成其私。

聖人常善救人，故無棄人；常善救物，故無棄物。是謂襲明。故善人，不善人之師；不善人，善人之資。不貴其師，不愛其資，是謂大迷。是謂道妙。

聖人無常心，以百姓心為心。善者，吾善之；不善者，吾亦善之，德善矣。（善者善我，不善者不善我，我皆善之，一視同仁，故為德善。信義同此。）信者，吾信之；不信者，吾亦信之，德信矣。聖人在天下，牒牒焉為天下渾其心。百姓皆注其耳目，聖人皆孩之。（注其耳目，役其聰明而爭是非也；渾其心，泯其分別也；孩之，憐之保之，而不與較長短也。）

善建者不拔，善抱者不脫，子孫祭祀不輟。修之於身，其德乃真；修之於家，其德乃餘；修之於鄉，其德乃長；修之於邦，其德乃豐；修之於天下，其德乃普。（以上三章，具見老子之學，非為我而獨善者。）

……是以聖人欲不欲，不貴難得之貨；學不學，復眾人之所過。……

……是故欲上民，必以言下之。欲先民，必以身後之。……

夫後其身而身先，外其身而身存，無私故成其私，則聖人亦非不欲其身之先且存，特私欲先之存之，則反無利而有害，故不欲也。苟循道而存其身，成其私，又豈聖人之所不欲者？如此，乃眞聖人之所期願者也。又於人物生之畜之，既有慈仁，又豈無欲？特生而不可有，爲而不可恃，長而不可爲宰，乃能循萬物自然之序，而聽其自生、自爲、自長，乃不害之，是謂玄德。玄德深也，欲且不更深且宏哉？故常善救人，使無棄人；常善救物，使無棄物。則謂聖人爲無情無願，豈不謬哉？特聖人不以私意自是，私欲自專。故必去其私意私欲，而後乃可以大公而無妄，乃能忘人我、一內外，以天下人之心爲心，歙歙焉爲天下渾其心，使歸於善且信，不以私欲相陵，而收人己兼濟之功也。

（九）自勝而畜物

老子之所謂守柔弱，非如懦夫之無志氣，恇怯而偷惰者也。乃精神內斂，以其勇力自勝自克，而以冲和寬厚之量容人畜物也。故曰：

知其雄，守其雌，為天下谿；為天下谿，常德不離，復歸於嬰兒。知其白，守其黑，為天下式，常德不忒，復歸於無極。知其榮，守其辱，為天下谷，常德乃足，復歸於樸。……

夫知雄、知白、知榮，則非不能雄、能白、能榮也。特既自處於雄、白與榮，則是以身先天下，恃勇矜能，人將畏而忌之，己德之既薄，何以容畜天下乎？唯既能雄、能白、能榮，復不自居於雄、白與榮，而反以雌、黑與辱自守，則退讓不爭，德厚不矜，而後可以爲天下谿，如水之就下，而衆歸之，常德不忒，爲衆式範也。又曰：

以道佐人主者，不以兵強天下，其事好還。師之所處，荊棘生焉。大軍之後，必有凶年。善者果而已，不敢以取強。果而勿矜，果而勿伐，果而勿驕，果而不得已，是謂果而勿強。物壯則老，是謂不道，不道早已。夫佳兵者不祥，物或惡之，故有道者不處也。君子居則貴左，用兵則貴右。兵者不祥之器，非君子之器，不得已而用之。恬澹為上。勝而不美。美者是樂殺人。夫樂殺人者，則不可以得志於天下也。吉事尚左，凶事尚右。是以偏將軍居左，上將軍居右，言以喪禮處之。殺人衆多，以悲哀泣之；戰勝則以喪禮處之。

此段極言兵戰之害，況窮兵黷武乎？蓋當春秋戰國兵禍相連之際，有爲而發，與墨家之兼愛非攻，儒家之仁義禮讓，其義一也。然則老子之尚柔弱，又對當時好樂殺者而施之藥石也。又曰：

勝人者有力，自勝者強。知足者富，強行者有志。

力不外用而自勝強行，故能不暴其氣，而善持其志。豈與懦夫同哉？又曰：

吾有三寶，持而寶之。一曰慈，二曰儉，三曰不敢為天下先。慈故能勇，儉故能廣，不敢為天下先，故能成器長。今舍其慈且勇，舍其儉且廣，舍其後且先，死矣。夫慈以戰則勝，以守則固，天將救之，以慈衛之。善為士者不武，善戰者不怒，善勝者不與爭，善用人者為下之。是謂不爭之德，是謂用人之力，是謂配天古之極。用兵有言，吾不敢為主，而為客；不敢進寸，而退尺。是謂行無行，攘無臂，執無兵，扔無敵。無敵幾亡吾寶。故抗兵相加，哀者勝矣。

孟子曰：「天下烏乎定？曰，定於一。孰能一之？曰，不嗜殺人者能一之。」又曰：「仁者無敵。」孔子曰：「仁者必有勇，勇者不必有仁。」孟子曰：「恭者不侮人，儉者不奪人，侮奪人之君，唯恐不順焉，惡得爲恭儉？」此章皆與相發明。憂世愛人之心，無不一也。又曰：

勇於敢則殺，勇於不敢則活。此兩者，或利或害。天之所惡，孰知其故？是以聖人猶難之。

此仍明人當勇於自克，而不可勇於縱欲也。止戈乃爲武。孰謂老子之道，非大勇之道哉？張子房用以勝楚，漢孝文用以寧漢。故老子之學，不可爲懦弱偸惰者之所假借，明矣。

（十）精神之淨化——玄德

總觀以上各節，則知老子之學，純爲對於人類文化進步中所生之流弊而施之一附清涼散，醫治之，使復於正軌。而對人類情志意欲，與以一番清淨化煉，使一切逐物噪妄、縱欲好爭之弊，得以止息。既能止息逐物噪妄、縱欲好爭之弊，而後物質文明可以養人而不害人。智能勇力，情感欲望，皆得其大公至正，而不自害害物。夫然乃可以無爲也，而無不爲；爲之也，而無所爲。生而不有，爲而不恃，功成而不居。後其身而身先，外其身而身存，無爲則無不治，此之謂玄德。故曰：

載營魄抱一，能無離乎？專氣致柔，能如嬰兒乎？滌除玄覽，能無疵乎？愛民治國，能無為乎？天門開闔，能為雌乎？明白四達，能無以知乎？生之畜之，生而不有，為而不恃，長而不宰，是謂玄德。

「載營魄抱一，能無離乎」者，「營魄」謂卽魂魄，心之精爽也。人逐求外物，則心爲境役，神不守身，而至於離。神魄顚倒，而身形翹瘁，去死不遠矣。載營魄而抱一，則心不逐境，魂魄不離，心神清明，而氣體充實；乃可以心役境，以身馭物，本立而事治也。「專氣至柔」，謂專志守氣，令無粗暴，七情不傷，與物無迕，心無意必，如嬰兒也。「滌除玄覽，能無疵乎」，謂滌除瑕穢，玄覽深觀，令心清淨，無有疵病也。「愛民治國，能無爲乎」者，有愛民之心，有治國之政，然恐私意造作，有所作爲，則不能因任自然、遵王之道、順帝之則，而所失多矣。故必有愛民治國之心，又能無爲而治，如舜、禹之有天下而不與，如堯之蕩蕩乎民無能名，乃能實收郅治之功也。「天門開闔，能爲雌乎」者，「天門」指心之根，「開」者出以應物，「闔」者止而內藏也；「能爲雌乎」者，和而不唱，不爲物先，開非妄動，閉非拒物，時止則止，時行則行，動靜不失其時者也。「明白四達，能無以知乎」者，心無障蔽，則明白四達，物無遁形；「能無以知乎」者，不以私智待物，適如物之眞像而已。孔子曰：「不逆詐，不臆不信，抑亦先覺者，其賢乎！」孟子曰：「所惡於智者，爲其鑿也。如智者若禹之行水也，則無惡於智矣。禹之行水也，行其所無事也。如智者亦行其所無事，則智亦大也。」《易》曰：「寂然不動，感而遂通天下之故。」此之謂也。能如此也，乃能生之畜之。生也而能不有其功，爲也而又不恃其力，長也而又不爲主宰，此之謂玄德。玄也者，深遠也，蓋異乎常人之小善小德，稍有功勞而便自矜伐，以爲善則不足，而反以敗事者也。故曰：

> 不自見故明，不自恃故彰，不自伐故有功，不自矜故長。
>
> 跂者不立，跨者不行，自見者不明，自是者不彰，自伐者無功，自矜者不長。其於道也，曰餘食贅行，物或惡之，故有道者不處。

玄德，最貴者也，所謂「上德不德，是以有德」者也。此與仁義禮智之有形迹之可指陳者異，故曰玄德也。彼仁義禮智之有迹象可指陳者，名曰下德。下德者何？奸人可盜，可以僞爲故也。此玄德爲最高，故曰上德。老子曰：

> 上德不德，是以有德；下德不失德，是以無德。上德無為而無不為，下德為之而有以為。上仁為之而無以為，上義為之而有以為。上禮為之而莫之應，則攘臂而扔之。故失道而後德，失德而後仁，失仁而後義，失義而後禮。失禮者，忠信之薄，而亂之首也。前識者，道之華，而愚之始也。是以大丈夫處其厚，不處其薄；居其實，不居其華。故去彼取此。

老子不貴智而貴明，不貴力而貴強，不貴仁義禮而貴德。蓋明者，達道者也，故不役心智之巧以與物競，而虛己以應物。強者，自強者也，不矜其勇以傷物，靜而守柔以畜物。德者，體道者也，故不伐其功以傲物，而能成物。是皆智仁勇之淨化，而入深遠者也。始於守柔，中於襲明，終於玄德，故爾處卑弱而敢於絕聖棄智、絕仁棄義者也。以其自處之強明玄德，深於一切故也。然此強明玄德，皆資於道而成。則此所謂道者，果復何物耶？

（十一）老學之本源——道

1、道者，絕名言者也，而名言事物從之以出。老子曰：

道可道，非常道；名可名，非常明。無名天地之始，有名萬物之母。故常無欲以觀其妙，常有欲以觀其僥。此兩者同出而異名，同謂之玄。玄之又玄，眾妙之門。

道本無名，未有天地而獨存；名起於人爲，隨約定而俗成。約異俗異，則名亦因之以異。此五洲萬國之名言，所以有無量差別。而自古迄今，亦因時而變易也。故知「名而可名，非常名也」。因於名而有言說，因言說而有是非。人各執其所是者以爲道，而斥其所異者以爲非道。是以諸子百家，群言殽亂，而皆各有其所謂之道。是則「道而可道，非常道也」。然則欲求眞道，固必棄絕名言。當知「無名者，天地之始也」。天地之始，且無名言。道先天地而生，得有名言乎？故道不可以名言求也。名言之生也，生於既有天地，人物已生之後乎？其出於人之欲乎？蓋因欲有求，而愛憎是非之情生，而美醜善惡之分起，於是相喩以名言，而相競以曲直。名言既興，則是非愛憎之情愈增，而美醜善惡之分益熾。而人事愈紛，而萬物生起也。物合事物以爲言也。未有名言，人心渾樸，則欲寡而事簡，如草木之榮枯，如禽蟲之生滅，機至而動，時去而息，寓於天地，倘然無所事，有物如無物也。及夫人有欲有名，則萬事出矣。凡物當前，而皆足以攖其心矣。故曰「有名，萬物之母也」。物既由名生，名既由欲起，則將欲觀超越名言而不可道之妙道，不當於無欲乎？故曰「常無欲以觀其妙」。將欲觀萬事萬物之邊僥，不當於有欲乎？故曰「常無欲以觀其僥」。老子曰：「致虛極，守靜篤，萬物並作，吾以觀其復。夫物芸芸，各歸其根。歸根曰靜，是謂復命。復命曰常，知常曰明。」致虛守靜，無欲之謂也；物復歸根，窮極必反也，所謂徼也。復命曰常，即常道也。常道而能生萬物，此道之所以爲妙也。蓋老子之學，以道生天地，生人物；人生欲，欲生名，名生萬物。所謂道生一，一生二，二生三，三生萬物者是也。萬物歸根，復反於道，復命曰常是也。物既生於道，而歸於道，故道與物不異；其所以異，由名異耳。故曰「此二者同出而異名」。夫萬物之差殊，與常道之貞一，似不同也，而乃同，豈不玄也哉？然不知此玄理者，不能知此道之妙，亦不能體道而馭萬物者也。故必「玄之又玄」，而後得「衆妙之門」也。此章義理深遠，以通常邏輯求之，多有不可通者，此所以爲玄也。如斯玄理之是非，且置之以俟解。老子又曰：

道常無名，樸雖小，天下莫能臣。侯王若能守，萬物將自賓。天地相合，以降甘露，人莫之令而自均。始制有名，名亦既有，夫亦將知止。知止所以不殆。譬道之在天下，猶川谷之於江海。

道者，常而不變，無名而非有名，「樸」是也。樸爲質，而文後起。道爲本，而名後制。故以樸言道也。「小」，理微細也。爲萬物之本故「天下莫能臣」之。守道則物賓，本不失，末自從，故不令而行也。「天地相合」三句，顯道之妙用，不待人爲，自然有變化生養之功也。「始制有名」，不制則無名也，此名所以非常道，無關於制不制，且非可制，故道常而本有。「名亦既有，夫亦將知止」，言不可執名言而廢道。舍本逐末，以僞爲眞，失道而物不賓也，而希不殆哉？故曰「知止所以不殆」。道爲天下所歸，故喻以「川谷江海」。

2、道者，不可見聞者也，然有象而非無。故曰：

視之不見名曰夷，聽之不聞名曰希，搏之不得名曰微。此三者不可致詰，故混而為一。其上不皦，其下不昧。繩繩兮不可名，復歸於無物。是謂無狀之狀，無象之象。是謂忽恍，迎之不見其首，隨之不見其後。執古之道，以御今之有。能知古始，是謂道紀。

又曰：

道之為物，惟恍惟忽。忽兮恍兮，其中有象。恍兮忽兮，其中有物。窈兮冥兮，其中有精，其精甚真，其中有信。自古及今，其名不去，以閱眾甫。吾何以知眾甫之然哉？以此。

又曰：

執大象，天下往。往而不害，安平泰。……道之出口，淡乎其無味。視之不足見，聽之不足聞，用之不可既。（《中庸》曰：「鬼神之為德，其盛也乎，視之而不見，聽之而不聞，體物而不可遺。」老子言道，蓋似之也。）

3、道者，先天地而生，獨立而不改，周行而不殆，而爲天下母者也。故曰：

有物混成，先天地生，寂兮寥兮，獨立而不改，周行而不殆，可以為天下母。吾不知其名，字之曰道，強名之曰大。大曰逝，逝曰遠，遠曰反。故天大，地大，道大，王亦大。域中有四大，而王居其一焉。人法地，（此「人」字意指王也，謂法地天而體道與自然者，可以王也。）地法天，天法道，道法自然。

理微曰小，用大曰大。大而逝，逝則生人物。逝而遠，遠則生名言。遠則必反，知止不殆，歸根復命也。大而逝遠，所以爲天下母。遠而反，所以獨立不改，周行不殆。道法自然，卽下無欲而不爲主，非別有一自然以爲道法也。

4、道者，生養萬物而不爲主者也。故曰：

大道氾兮，其可左右，萬物恃之以生而不辭，功成而不名有，衣養萬物而不為主。常無欲，可名於小；萬物歸焉而不為主，可名為大。是以聖人終不自為大，故能成其大。（有欲為主，則好惡欣拒，則不能大公，而其道小矣。）

5、道者，無爲而無不爲者也。故曰：

道常無為而無不為。侯王若能守，萬物將自化。化而欲作，吾將鎮之以無名之樸。無名之樸，夫亦將無欲。無欲以靜，天下將自正。(樸即道也，故曰見素抱樸。)

6、道者，冲虛柔弱而能馳馭天地萬物者也。故曰：

道冲，而用之又弗盈，淵兮似萬物之宗。挫其銳，解其紛，和其光，同其塵，湛兮似或存。吾不知其誰之子，象帝之先。(上節言道，下節言聖人法道，書中多類此。帝之先，即道也。)

昔之得一者，天得一以清，地得一以寧，神得一以靈，谷得一以盈，萬物得一以生，侯王得一以為天下貞。其致之一也，天無以清將恐裂，地無以寧將恐發，神無以靈將恐歇，谷無以盈將恐竭，萬物無以生將恐滅，侯王無以貞將恐蹶。故貴必以賤為本，高必以下為基。是以侯王自稱孤、寡、不穀，此其以賤為本邪，非乎？故致數輿無輿。不欲琭琭如玉、落落如石。反者道之動，弱者道之用。天下萬物生於有，有生於無。(吳氏澄曰：一者，冲虛之德，所謂抱一，所謂混而為一，所謂道生一，皆指此。其用則虛而不盈，後而不先，柔而不剛，弱而不強，是也。顧所謂德者，即有得於道之名，統萬物者曰道，分賦於個體者為德，故離道亦無德也，故曰「反者道之動，弱者道之用」。故此仍言道也。)

道生一，一生二，二生三，三生萬物。萬物負陰而抱陽，冲氣以為和。人之所惡，惟孤、寡、不穀，而王公以為稱。故物或損之而益，或益之而損。人之所教，我亦教之。強梁者不得其死，吾將以為教父。天下之至柔，馳騁天下之至剛。無有，入於無間。吾是以知無為之有益也。不言之教，無為之益，天下希及之。（吳氏澄曰：此詳言「弱者，道之用也」。冲氣為和，乃可以生。至於堅強，則壯老而死矣。）

天之道，不爭而善勝，不言而善應，不召而自來，繟然而善謀。天網恢恢，疏而不失。……

人之生也柔弱，其死也堅強；草木之生也柔弱，其死也枯槁。故堅強者，死之徒；柔弱者，生之徒。是以兵強則不勝，木強則兵，強大處下，柔弱處上。（道能生長萬物，萬物順之則生，逆之則死。柔弱順道，堅強違道，是以一為生之徒，一為死之徒也。）

天下莫柔弱於水，而攻堅強者莫之能先，其無以易之。柔之勝剛，弱之勝強，天下莫不知，莫能行。是以聖人云：「能受國之垢，是為社稷主；能受國之不祥，是為天下王。」正言若反。

7、道者，大公而無私，抑強暴而福善柔者也。故曰：

天之道，其猶張弓乎？高者抑之，下者舉之，有餘者損之，不足者補之。天之道，損有餘而補不足；人之道，則不然，損不足而奉有餘。孰能以有餘奉天下？惟有道者。是以聖人為而不恃，功成而不居，其不欲見賢耶！

和大怨，有餘怨，安可以為善？是以聖人執契而不責於人。故有德司契，無德司徹。天道無親，常與善人。

夫然，故知道爲天地人物之根本，無爲也而無不爲，生養

萬物而不居其功，大公而無私，至柔而至強，順之則生，逆之則死。先天地生，獨立不改，周行不殆，包舉萬物而無遺者也。一切人爲，皆出於私意造作，而每與天違。道法自然而無爲，人則有意造作而有爲。道生養萬物而不居，人則小有功德便自矜伐。道大公，而人圖私利；道至柔，而人好爭競，焉得而不自取死亡也哉？身家之禍，世道之衰，盜賊戰亂，一切一切，皆違道者自取之也。人爲之禍，至於如此，故聖人將欲救天下，必先進此道。故曰：

道者，萬物之奧，善人之寶，不善人之所保。美言可以市，尊行可以加人。人之不善，何棄之有？故立天子，置三公，雖有拱璧以先駟馬，不如坐進此道。古之所以貴此道何？不曰求以得，有罪以免邪？故為天下貴。（不善人之所保，謂不善人之所由以得保也。美言尊行，自可以化不善為善，令彼有罪以免，而何棄不善人之有？總言道之效也。）

（十二）體道以成德——聖人

體此道者，謂之有德。故曰：

孔德之容，唯道之從。……

道生之，德畜之，物形之，勢成之。是以萬物莫不尊道而貴德。道之尊，德之貴，夫莫之命而常自然。故道生之畜之，長之育之，亭之毒之，養之覆之。生而不有，為而不恃，長而不宰，是謂玄德。（德與道符也。）

玄德深矣，遠矣，與物反矣，乃至於大順。（反於物，乃順於道也。）

聖人者，卽能體道之人也。故其於天下也，亦無爲而無不爲。所謂「我無爲而民自化，我好靜而民自正，我無欲而民自樸」。大公而無我，利物而不私。故曰：「常善救人，故無棄人；常善救物，故無棄物。」又曰：「聖人無常心，以百姓心爲心。善者吾善之，不善者吾亦善之；信者吾信之，不信者吾亦信之。聖人在天下，慄慄焉爲天下渾其心，百姓皆注其耳目，聖人皆孩之。」蓋道於萬物無不生養，固不分別其善惡好醜也。聖人之於人民也亦如之，始能爲萬民之主也。道尊於天下，而常卑弱以自居，以玄同於萬物。故曰：「挫其銳，解其紛，和其光，同其塵，湛兮似或存。」又曰：「江海所以能爲百谷王者，以其善下之，故能爲百谷王。是以欲上民，必以言下之；欲先民，必以身後之。是以聖人處上而民不重，處下而民不害，是以天下樂推而不厭。」又曰：「能受國之垢，是以爲社稷主；能受國之不祥，是爲天下王。」明智高於天下，而不以智見賢。故曰：「絕學無憂。……衆人皆有餘，而我獨若遺。我愚人之心也哉。沌沌兮，俗人昭昭，我獨若昏。俗人察察，我獨悶悶。忽兮若晦，飄兮若無所止，衆人皆有以，我獨頑似鄙，我獨異於人，而貴食母。」又曰：「聖人被褐懷玉。知不知上，不知知病。夫唯病病，是以不病。」大德覆育群生而不矜恃其功德。故曰：「上德不德，是以有德。下德不失德，是以無德。……」又曰：「聖人處無爲之事，行不言之教，萬物作焉而不辭，生而不有，爲而不恃，功成而不居。」又曰：「生之畜之，生而不有，爲而不恃，長而不宰，是謂玄德。」然而：

後其身而身先，外其身而身存，非以其無私耶，故能成其私。

不自見故明，不自恃故彰，不自伐故有功，不自矜故長。夫唯不爭，故天下莫能與之爭。

總之：

信言不美，美言不信；善言不辯，辯言不善；知者不博，博者不知。聖人不積，既以為人己愈有，既以與人己愈多。天之道，利而不害。聖人之道，為而不爭。

人而至於此，亦可以無過矣。此老學之成果也。

三 評論

(一) 老學對人生之貢獻、對文化之救正

統觀老子之學，棄絕人爲，而純任大道。所以棄絕人爲者，

以人爲之多害也。人爲者，本以求利者也，而反以得害，則人爲不當絕乎？乃其棄絕人爲也，又非魯莽橫絕之，乃玄覽大道，得萬物生滅盛衰之所以然，各有定則，而不可以私意干，不可以私智察，不可以私力勝。干之、察之、勝之，不唯不得，反以役心勞神而自僨。欲以愛利天下而徒以益其爭亂。是不當廢然思反，寂然自靜也乎？苟能反，則一切人爲之害可以免；苟能靜，則內以自寧，而外能寧物。蓋無欲故公，不役私智故明，不恃力勝物則自守強而物莫之勝，不矜不恃以廣其仁，滌除玄覽以深其智，守柔不爭以養其勇，使情知意欲皆得淨化，而後可以覆育萬物而平治天下。故無爲而無不爲者也。

方今天下，人欲肆而天理冥滅。物質文明發達之極，以競爭爲生存之本，以智能爲生活之具，以有我無彼爲強爲尊，以窮奢極侈爲生活之崇高福利。乃其智力發達，又每能濟其私欲而日進文明，所謂器物利用、國家組織、侵略政策之包舉全球而奴化弱小民族是也。卽弱小民族將欲自立圖強以禦侵凌，亦舍其道而莫由。則從而語之以無爲無欲、棄智不爭之教，不將以爲大惑不解、至愚可矜者歟？雖然，彼物質文明之在今日，流弊百端，亦既已一一暴露於天下，欲自收拾而不可能矣。列強並立，各以智力相爭，平居則充實兵力，精煉器械，配製毒氣，竭盡財力人力以備戰。將戰，則縱橫捭闔，離間敵衆，締結同盟以自重；既戰，則空軍、海軍、陸軍各奮其暴力，暢發其獸性，施展其忿毒以相凌藉。苦心一志，豈不曰將屠盡敵人而後快？豈不曰敵人既盡，則我自獨尊哉？乃敵人亦實同具此心，同有此力，以相向。獨勝既不可能，則相屠互殺以同歸於盡，乃其必然之結果也。是則今之文明，非生人之途，而死人之道也。其所謂智者非智，而愚之至也；其所謂文明者非文明，而野蠻之極也。

老子當春秋戰國列國之相爭、人情之巧僞，已不勝其悲痛，而爲無爲、反樸、守弱、尚道之教。況當今日，禍害百千萬倍於春秋戰國之世。人類苟有求生之心，而具一線之明者，對其書不當一字一句奉爲珍寶，以爲救世之善道耶？人類誠能知反而自靜，以淨化其情知意欲，然後大仁可得，大智可成，大勇可生，而後爭亂可息，而治平可望。窮極思變，絕處逢生，智者其善思之，勇者其力任之而已矣。此老子學說對人生之供獻，對文化之救正也。

（二）老學之修正與補足

老子之學，其猶有罅漏缺失而未得至理之眞者乎？曰：有。蓋老子之學，曰少欲知足，曰致虛守靜，曰自勝守弱，曰玄覽襲明，乃至於慈故勇，儉故廣，無爲也而無不爲，生而不有，爲而不恃，長而不宰，功成而不居，爲也而實無不爲，以成其玄德，凡此皆不可得而議者也。蓋有似於佛法之持戒、禪定、智慧，而大悲濟物、無相布施之義焉。此二千年來所以有佛老並稱之習也。雖然，彼之棄人爲者，貴道術也，體道而後成於玄德。是以老子一流之學說，歷代通稱之曰道家。

然則「道」也者，老子學說中最高尚之目的，爲其學說之中心，又其學說所由出之本源也。然吾於此「有物混成，先天地生，獨立不改，周行不殆，爲天下母，生養萬物而不爲主」之道，不能承認焉。此其爲道，蓋有當於西方宗教之所謂上帝。其所以異者，不爲主而已。蓋確當於玄學家中泛神論者之「神」。何以故？以其能生養萬物故，以其能爲天下之母故，而又無形迹可以見聞，則名之曰「神」可也。此道「神」也，不能有。何以故？使道與萬物爲一乎？則萬物皆道。萬物既無非道，則不應言道生萬物，不應言道常而萬物生死。道至善不變，人類不應有私欲爭亂，以卽道故。設道與萬物爲二乎？二則俱有，不應言道生萬物，亦不應言孰先孰後。設謂道與物爲二，而待於道乃得生，則是物不能自生，如是亦不能自長，亦不能自老，亦不能自滅。其生長老滅既均無能，則是道既爲萬物之主宰矣，則生而不宰之說爲不可通。設使生而復宰，則道與上帝同矣。同復何病？無以解於物之違道，人之自私用智而有爲故。蓋既能宰制萬物，則萬物不應違道，人亦不能以私欲亂常道也。故其說爲不可通。苟此道之體用不可通，而顧執之以爲至高之義，爲學說中心，爲學說之本源與歸趣，不其根本動搖也乎？是故今言道家，欲其學說通達無礙，非加以根本修正不可。其修正之義奈何？曰：以道爲萬事萬物生化得失，法爾自然，不可以人意妄干、億察、力勝之定律眞理，但當遵循而不可違逆，從之則吉，背之則凶，故可以爲人生行事之軌則正道；而不認以爲一先天地生，能生萬物之一物焉，則此道爲實有不妄者也。蓋道者，理也，非物也，不離萬物而別有，非超乎其上，乃寓乎其中者也。非有作用，亦無實體，而爲萬事萬物生化必然之定則焉耳。

云何知然？蓋物之生、事之成也，緣合故生，力至自成，非道能生之成之也。然卽此緣合而生、力至而成之理，則可名曰道焉。今夫禾稼之生，則種子、日光、雨露、水土、人工衆緣合，禾稼自生，別無上帝神天或道以生之也。此衆緣不合則決不生矣。衆緣合也，而緣或異，種瓜者生瓜也，種豆者生豆也，人工或有勤惰之分，土壤或有肥瘠之異，雨水日光或有調違之別，則所生之瓜豆又有豐歉之殊焉。其所以同異差別者，則又莫非緣之同異差別之故，而非別有神天或道，有以司其同異差別也。吾故不謂道能生化萬物，但緣之自生自化也。乃此緣又非別離萬事萬物或人力而別有。而卽萬事萬物之互爲生化成得也。故非離物而有道。乃物之生化成得，待緣而生，緣不具則不生，不可以人心私意而妄期其生也；緣異則異，不可以人心私意而妄期其同異也。由是故知萬物生化自有其所以生化之定理，合之則生化，違之則否，超乎人意，不可妄期者焉。如是定理，卽字之曰「道」。故道非生化萬物者也，而萬物不能違之以生化；非離萬物而有，卽寓於萬物之中；非有實物，而爲定理者也。

萬物之生化如是，人事之成敗興衰得失亦然。其所以成，必有其所以成之緣，緣具則成，不具則否。緣善則所成之果善，緣不善則所成之果不善。是皆必然不易之定理，而不可以人心私意妄期必之者也。是之謂道。順道者昌，逆道者亡。是以道雖非生成事物之物，而爲事物生成之理而不可以違。不違道者，不違理也。而世之人私欲逐逐，貪競無已，每以爲役己之智力，便可以主宰萬物而莫予違。欲求無厭，則違理愈甚。違理愈甚，則其所獲者愈微，或反得其所不欲者。是以利不見而害反乘之。蓋貪欲詐力者，皆取禍害之正因，而非致福利之道也。乃以致禍之因，而期致福利，盡心力而爲之，得果愈非其所意欲。夫然後而知人力不能勝自然之理。老子有見於此矣，故爲棄絕人爲、任道自然之教，自非無故。顧因懷疑於人爲之枉用無功，遂擴大道之爲物，可以生化萬物，先天地而生，獨立不改，周行不殆，爲天下母，恍然若宗教家之上帝神天焉，斯則誤矣。今去其生長之用，而存其必然之理，則於理無障，而於人可循，不亦明白顯著，而異於恍惚窈冥之物，使人百思不得其解，而疑謬千古也耶？此老子之學所當根本修正者也。

又老子之言道也，既有生長成物之用，而尊之太高；則其廢棄人事也，亦不免持之太甚。夫自然之物所待於人力者，固甚微甚淺。今之西洋文化，雖有戰勝天然之妄想，而無救於洪水、火山、水旱、饑饉乃至經濟恐慌、人民失業之大患。若夫人事，則其所以成壞興衰得失者，莫不本於人類心智業力以成之。有共業，有自業。有現造之自業、共業，有過去已造之自業、共業。諸業相續，故成果相續。隨其業之善惡得失，而成果之樂苦盛衰以異。此之謂道。非離夫業果別有道焉，以司其苦樂盛衰也。今老子見人爲之無益，而任道之自然，不知離去人爲，又惡有所謂道者乎？誠然，人爲之不臧，反足以招致無窮之禍，苟能廢棄人爲而任道之自然，則消極的已免於人爲之禍矣，然於此人爲不臧之足以招禍，卽已知人爲之非無力矣。人爲既足爲力以招禍，則知人爲而臧之亦足以致福。今欲息平禍亂而馴致太平，不當益致其人爲之功乎？既不人爲，則道又烏所借以行其撥亂反正之功乎？吾人謂道足以持循者，以爲善，則雖不求福利，而福利自至；爲惡，則雖亟求福利，而反以得禍害也。故當力行善道，而棄絕諸惡；不可善惡都不爲，而聽道之報之以福利也。

行己如此，治天下亦然。我無爲而民自化，我無欲而民自樸，亦視此人君者德教素立、明威素行、常善愛人、常善救物，而後以其清淨靜正之道表範人群，使同歸於慈儉不爭、少欲知足之風化。若夫素無威德善政以及民，徒以其泥塑木雕之偶像臨於萬民之上，而期以無爲治天下，此乃無因無果，必不可能之事，古今無能信之者也。

故吾嘗謂老子之教，使智足勇盛，素有大志之人學之，則可淨化其躁急已甚之氣，使之識因果之定理，有不可以智力爭者，以廣其量而養其能，則張子房、李長源之徒，用之而得者也。使素無志氣、仁勇不足之人學之，則因無爲，遂廢正業，或且放肆佯狂、慵惰疏懶以爲達，則不唯無益，而又害之也。雖老子原有「有之以爲利，無之以爲用，聖人之道爲而不爭，慈故能勇，儉故能廣，生而不有，功成不居」之訓，非一味棄絕人事者，如前已廣辨。然既以萬事萬物之生存一寄於道，而不知萬物之自互爲緣，人之情知業力卽爲人事之所由以興衰成敗，則自不免於理論之不充足，而每陷於消極虛無、復古聽天之弊。今知人事因果之本於業力，善惡業果之自爲招引，而不可以私意幸獲之謂道，則有道可遵，而益致其爲善之力，而息其作惡之妄心，斯義命兩得，利用兩成，爲而弗爭、功成不居之玄德，乃眞可以成就也。此老子學說之當補足者也。

（三）儒道兩家之不同

或謂儒家重仁義，老子重道德，曰：「大道廢有仁義，智慧出有大僞，六親不和有孝慈，國家昏亂有忠臣。」曰：「絕聖棄智，民利百倍；絕仁棄義，民復孝慈。」曰：「失道而後德，失德而後仁，失仁而後義，失義而後禮。失禮者，忠信之薄，而亂之始也。」其詆毀仁義禮智也如此，何其與孔子之道大相衝突也乎？曰：兩家思想系統不同，故其術語之含義亦異。蓋老子之學，以爲道者未有天地而先有。彼其時也，萬物未生，名言未起，是非未形，美惡未分，一道玄同，混混冥冥，夫烏有爭奪詐僞、盜賊攻伐之禍哉？及夫天地既生，萬物既成，然方其始也，醇樸未喪，各秉天眞，分於道而賦於人，以自靜自寧者謂之德，是則形體雖分，而本眞未漓也。於其時也，群生戢戢，優游自適，此無不足，彼非有餘，不待治而民不亂，不待施而民不窮。自德之虧也，嗜欲漸起，貪求漸多，因有所求，乃有不足。於是人與人乃相憐相恤，相衞相救，而仁興焉。仁也者，盡己以愛彼而已矣，非有責備於人也。濡沫之愛，雖不若相忘於江湖，然猶勝於執理以責人者也。自仁之虧也，人與人不相憐恤以仁愛，而相責以是非，蓋詐僞漸興，爭奪日起，則有執法秉理之士，以人己不相侵越之限，執焉以爲義，以之昭示同群，期與共守，則人亦各安其分而自正其行。雖未若仁之彼我忘而內外一，然守分不相害，而不以虛僞相欺也。迨夫義之失也，人情不可徒以是非相責，尤必需設爲禮數以防之。上下有等，進退有節，燕享有儀，辭受有文，其數也繁，其制也細，以此防範人心，可謂曲盡矣。然而虛文既設，實情轉虧，奸人假之，雖內懷欺凌，而外方飾爲恭敬，人各以僞相接，而大亂不可挽救矣。故曰失道而後德，失德而後仁，失仁而後義，失義而後禮。失禮者，忠信之薄，而亂之始。非必謂仁義禮之足以虧道德，乃大道既廢，乃有仁義；六親不和，乃有孝慈；乃至仁義既失，而後有禮也。乃仁義已有形迹，禮則更役以繁文，文愈勝而實愈虧，反爲盜賊所假借，此所謂以水濟水、以火濟火者也。故不若根本改造，反樸還眞，養吾玄德，復順大道，而後天下紛亂可已。此老子學說之思想也。

其在儒家，則其學說系統與此全異。彼不謂離乎仁義而有道德，而仁義卽道德也。仁義爲人人所當共由，外仁義則行非道，故曰道；卽此仁義之善，成之在己，實有諸心者，謂之曰德。故離夫仁義，別無道德也。而此仁、義、禮、智、信者，在儒家義皆平等。孟子曰：「惻隱之心，仁之端也；羞惡之心，義之端也；辭讓之心，禮之端也；是非之心，智之端也。」同爲善心之發現而各表一德，相需爲用，互不可離。時或以仁表善心之實，而禮表節文之著，則亦必有仁之實乃有禮之文，亦必守禮不逾而仁德乃至。故孔子曰：「人而不仁如禮何，人而不仁如樂何？」又曰：「克己復禮爲仁，一日克己復禮，天下歸仁焉。」仁、禮之相需，何輕重高下之可言哉？故老子「失道後德，失德後仁，失仁後義，失義後禮」之說，在儒家全不如此。然則兩家各有各的仁義道德，道不同，不相爲謀，原不足以互相非難也。若夫老子之以仁義爲有迹，以禮爲虛文，在儒家原不以有迹者爲仁義，亦不謂虛文爲禮之本也。

詳觀兩家所以不同之故，則老莊對於宇宙之觀察，既立道以爲生天生地、神鬼神帝之一大本原，本原無有不善，無有不圓滿，其所以不善不圓滿者，皆人欲爲之厲階也。人欲彌熾，則天機彌淺；去本愈遠，則離道彌甚。其對於歷史之觀察，則以爲三王不如五帝，五帝不如三皇，有史不如無史，有人類萬物不如無人類萬物。其對於人類道德之觀念，則以爲禮不如義，義不如仁，仁不如德，德不如道，而上德不德，可道之道卽非常道也。必至於窈窈冥冥、無象無形、玄之又玄者，乃爲至極。儒家則反此，其對於宇宙之觀察如大易所示，宇宙者原爲陰陽二氣變易之所生，而六十四卦首立乾、坤以爲體，次立六十二卦以盡變。六十二卦始於屯，則「柔剛始交而難生」；終於未濟，則「小狐汔濟，濡其尾，無攸利」。中間否、泰、剝、復，消息盈虛，變化無常。是則世間始終未有完善圓滿之一日，而人生無日不在憂患中也。謂萬物本於道以生，而次第轉變以趣於墮落者，其學必是古而非今，賤人而貴天，則以反本還原，損之又損，以歸於無物爲宗旨。老子曰：「致虛極，守靜篤，萬物並作，吾以觀其復。夫物芸芸，各歸其根，歸根曰靜，靜曰復命，復命曰常，知常曰明，不知常妄作凶。知常容，容乃公，公乃王，王乃天，天乃道，道乃久，歿身不殆。」此道家學問之宗旨方法也。謂宇宙始終不完全美善，人生無日不在憂患中者，則人唯當詳察始終變化之理，執常經以馭世變，自處以大正，盡人力以相天。故曰：「天行健，君子以自強不息。地勢坤，君子以厚德載物。」立其德也。「雲雷屯，君子以經綸。山下出泉，蒙，君子以果行育德。天地交泰，後以財成天地之道，輔相天地之宜，以左右民。天地不交，否，君子以儉德闢難，不可榮以祿。既濟，君子以思患而豫防之。未濟，君子以慎，辨物居方。」無非事者。如此乃可以乘龍馭天，持盈保泰，而消否救亂。故能立己命以立人之命，而立宇宙之命也。其注重人爲也如此。故不是古而非今，不尊三皇而宗堯舜，不從夏殷而重周禮。孔子曰：「周監於二代，郁郁乎文哉，吾從周。」孟子曰：「禹抑洪水，而天下平；周公兼夷狄、驅猛獸，而百姓寧；孔子作《春秋》，而亂臣賊子懼。」理想的清淨無爲之世界，儒者以爲未嘗有；以無爲而求治天下，儒者以爲不可能。其對於道德之觀念亦然。老子以爲但能去其人欲之私，少私寡欲，見素抱樸，而德自成，道自合。儒家則以爲徒消極的禁制，無積極的修持，則終不足以成德。原憲問：「克伐怨欲不行焉，可以爲仁也。」孔子曰：「可以爲難能也，仁則吾不知也。」故必克己復禮而後爲仁。克己者，消極的工夫；復禮者，積極的行爲也。二者不具，則終無現成的道德，以爲人生行己對人之具。同時學問思辨，皆有助於篤行。而學與道不相違，積學乃以成德。而老子則曰「爲學日益，爲道日損」，是學與道相違也。凡此種種，皆見道家、儒家之不同。即於此而見道家之缺失。

蓋道家本由見於人類智巧發達、文明進化所生之病痛，因而意想未有智巧、未有文明以前之景象，以爲必無如此之流弊。而未見於洪荒之世，草昧未辟以前，仍有其他一方面之問題憂患也。乃道既能生萬物，而無救於萬物之紛亂，則適自成學說之矛盾。又貶抑人為過甚，遂至謂仁義禮皆為妄作，則使賢者為狂激已甚之行，而不肖者因為苟偷頹惰之習，又烏足以至於道德哉？故知老子之學，藥也，非飲食也。此其在中國所以不能居學說思想之主流，而終讓儒家以正統者也。雖然，居今日人欲橫流、物質文明流弊已極之世界，則正需此一劑清涼散，以去其毒熱；正需此一付消導飲，以去其積聚。然後可以淨化文明，而止息狂流。故吾甚有取於老子之學也。

(四)老學之誤解與其真象

或謂老子之學以柔勝剛，欲取固與，實為權謀詭詐之學，貽害人心不淺。然乎，否乎？曰：非也。老子曰：「飄風不終朝，驟雨不終日，孰為此者？天地。」又曰：「福兮禍所倚，禍兮福所伏，孰知其極？其無正耶？正復為奇，善復為妖。」又曰：「有無相生，難易相成，長短相形，高下相傾。而天下之柔弱每勝剛強。」曰：「強梁者不得其死。」曰：「物壯則老，是謂不道，不道早已。」曰：「天下莫柔弱於水，而攻堅強者莫之能先。」彼觀於物理，察於人事，而每見其如此，故示人以強力之不可恃，勝利之不可久。使無恃強以陵弱，得意而自驕，乃不違天道而干人怒。此亦誡不肖者躁妄之心，而語賢者以保泰之道也。故曰：「能受國之垢，是為社稷主；能受國之不祥，是為天下王。正言若反。」於以見其慮患之深，憂世之切，而存心之厚也。

昔者闔閭死於勾踐，而吳用霸；勾踐辱於夫差，而越以興。齊人滅燕，而昭王奮起；燕下齊城七十，而田單以卽墨中興；秦滅六國，北卻強胡，南開嶺徼，不旋踵而滅於勝、廣、劉、項草澤之師。乃至羅馬席全盛之勢，而不能禦北方蠻族，邦國殄瘁；拿破崙席捲全歐，忽困敗於征俄，而幽囚以死。盛衰電轉，強弱相傾，觀其前不復知其後，世事之不可以常情度，不可以智力爭也，固如此。老子觀於此也，因而覺人謀之外有天道存焉。積強之後忽焉顚僕，積弱之後突然奮興，皆非人力之所能爲也。其敗也，天罰之也；其勝也，天佑之也。故有「天道如張弓，高者抑之，下者舉之，有餘者損之，不足者補之」之說。又曰：「天道無親，常與善人。」又曰：「天將救之，以慈衞之。」又曰：「天之道，不爭而善勝。天網恢恢，疏而不失。」然則暴人亂賊之乍盛於一時也，安知非天道之正欲廢奪之歟？老子曰：「將欲歙之，必固張之；將欲弱之，必固強之；將欲廢之，必固興之；將欲奪之，必固與之。柔勝剛，弱勝強。」然後知柔弱之勝於剛強矣。夫此乃天道之常，而非待人之術也。不善讀書者，執以爲待人之術，則必流於申韓、孫吳之術，而成詭詐。然統觀老子之思想，常善救人，利物而不私，生而不有，功成不居，寧復以機詐勝人者？彼蓋深感人類之以機智便巧相尙而爭利，然終不勝天之不爭而善勝，繟然而善謀，智窮力竭，故教人絕聖棄智，絕巧棄利，而抱樸守雌，而無爲以聽天道之自然，而待作惡者之自斃。故曰：「常有司殺者殺，而代司殺者殺，是代大匠斲。夫代大匠斲者，希不傷其手矣。」又曰：「聖人欲不欲，不貴難得之貨；學不學，復衆人之所過。以恃萬物之自然，而不敢爲。」此豈尚權謀者之言乎？

雖然，卽於此而又證老子之見理未盡，而所知未全。強者之所以顛僕，弱者之所以突興，豈果有天道者司其賞罰哉？夫亦各自有其興亡之道也。蓋人方困窮，則力圖整作。操心也危，慮患也深。見賢不敢不恭，接物不敢不誠。誠信交孚，而人心固結；思慮深遠，而所作無違。故少康以之興夏，勾踐以之沼吳，昭王以之復燕，而田單以之救齊也。若夫席全盛之勢，當無事之時，上有侈心，民多逸志。放辟邪侈，酒池肉林，恒舞酣歌，縱淫漁色。又或窮兵黷武，勞民傷財，內積怨怒，外樹強敵。而且虛驕自大，不受讜言。忠義灰心，智謀捲舌。則國雖大，無異孤城；人雖衆，不異獨夫；兵雖強，已成驕惰。一夫揭竿，萬衆齊應。敵軍一震，勢如土崩。不崇朝而滅亡者，以彼先自琢喪其強大矣。譬如碩大壯夫，內攖痼疾，三尺童子，得舉刀而刲之。以今之壯夫，徒具形骸，已失其本質也。然則弱小之興，有以自興之道；強大之敗，有以取亡之因。孟子曰：「國必自伐，而後人伐之；家必自毀，而後人毀之。」又曰：「能治其國家，誰敢侮之？淸斯濯纓，濁斯濯足，皆自取之也。」夫然，強者而必敗乎？得守國之道者，千百年長存可也。弱者必勝乎？失自強之道者，永劫不復也。是故興敗存亡，不在天而在人。道更不能作上帝主宰而賞罰之也。知此者，自強自立以自立其命，卽爲順道；不知此者，失其所以保泰救亡之道而妄有作，或更無作，卽爲違道。道者，人事興衰得失所以然之故；爲人所不能違，所必當從；理也，而非物也。故儒者自強力行，窮理盡性，以致其廣大，爲合於道。老子之聽天任道，恃萬物之自然而不敢爲，止得一分之理，非有見於道之全眞也。

（五）老學流為神仙家之故

或問：老子之書，未嘗爲神仙之說；後世神仙家群推之以爲祖者，何耶？曰：老子之學，確有與神仙相同者。老子曰：「名與身孰親，身與貨孰多，得與亡孰病？是故甚愛必大費多藏必厚亡。知足不辱，知止不殆，可以長久。」又曰：「寵辱若驚，貴大患若身。何謂寵辱？寵爲下，得之若驚，失之若驚，是謂寵辱若驚。何謂貴大患若身？吾所以有大患者，惟吾有身；苟吾無身，吾有何患？故貴以身爲天下，則可寄於天下；愛以身爲天下，乃可託於天下矣。」又曰：「天長地久。天地之所以能長且久者，以其不自生，故能長生。是以後其身而身先，外其身而身存，非以其無私耶？故能存其私。」蓋老子觀察人生之勞勞營營、擾攘而不息者，唯一原因，爲存其身而長保其性命也。爲存其身，故不得不待養於外物。貨財者，養身之具也；權位者，養身之厚也；名聞者，養身之榮也。乃爲求榮名厚祿與貨財而不知止，則勞敝其精力而不休。求之不以其道，而反致刑戮，是則以養身者戕害其身也。故輕則損其壽命，重則招致戮辱。貪夫殉財，烈士殉名，夸者死權，衆庶憑生。悲哉！愚夫愚婦，長爲外物奴役而不知反矣。故老子以本爲精，以物爲粗，以有積爲不足。是以不貪財貨，不慕權位，不欣榮名，超然於事物之表，而淡然獨與神明居。嗜欲愈淨，神明愈寧；神明愈寧，則性命自可以長保。物莫之傷，欲不之害，此固深根固柢、長生久視之道也。欲不謂之爲神仙之祖也得哉？

因而神仙之道，亦不可舍此道而外求也。乃其致虛守靜，復命知常，載魄抱一，專氣致柔，固足以得定生明，神知變化。此固開未來神仙家修養之法矣。自來岩居穴隱之士，不志慕夫榮利，亦無心於濟世利人，意靜神恬，則自與此道相親。山居無事，樂養精神，而加之導引。自知去來，而生死不亂。又其情欲寡少，作業清淨，則舍壽上升，脫人趣而生天趣；或功德未足，雲遊四海爲護世善神；是又全不希奇之事也。然此在佛法，仍不過是人天善報，絕非解脫出離之境。故老子之學，於世理未若孔子之廣大精微，於出世法尚未夢見釋迦如來之境界。歷來三教並稱，躋老子於孔子、釋迦者，過矣。老子隱遁之士，神仙之祖而已。若夫後世丹鼎之士、符籙之徒，戀形守屍，引神致鬼，則又神仙中之外道也。老子不云乎「吾所以有大患者，惟吾有身，及吾無身，吾有何患？聖人後其身而身先，外其身而身存」乎？不又曰「以道蒞天下者，其鬼不神。前識者，道之華而愚之始也」乎？眞學神仙者，幸於此義留之意焉，庶乎其不倍也。

古籍書局已出版書目

《漁樵問對》
古籍書局
定價：HK$58

《漁樵問對淺釋》
古籍書局
定價：HK$68

《觀物內外篇》
古籍書局
定價：HK$68

《村學究語》
古籍書局
定價：HK$68

《朱子讀書法六課》
古籍書局
定價：HK$68

《寒窑賦》
古籍書局
定價：HK$58

《王陽明傳》
古籍書局
定價：HK$78

《大醫問津》
古籍書局
定價：HK$88

《所有發生，皆為你而來》
古籍書局
定價：HK$78

《中國歷代政治得失》
古籍書局
定價：HK$280

《菜根譚》
古籍書局
定價：HK$280

《教子要言 教子圖說》
古籍書局
定價：HK$280

《三字經、百家姓、千字文、弟子規》
古籍書局
定價：HK$22

《大學 中庸》
古籍書局
定價：HK$28

《論語》
古籍書局
定價：HK$58

《孟子》
古籍書局
定價：HK$68

|《道德經》
|古籍書局
|定價：HK$28

|《了凡四訓》
|古籍書局
|定價：HK$32

|《聲律啟蒙》
|古籍書局
|定價：HK$28

|《笠翁對韻》
|古籍書局
|定價：HK$28

|《周易》
|古籍書局
|定價：HK$58

|《幼學瓊林》
|古籍書局
|定價：HK$58

|《錢本草》
|古籍書局
|定價：HK$58

|《金花的秘密》
|古籍書局
|定價：HK$48

|《黃帝外經譯註》
|古籍書局
|定價：HK$58

|《養生導引術》
|古籍書局
|定價：HK$48

|《中醫捷徑：醫學傳心錄》
|古籍書局
|定價：HK$48

|《注音全本全注全譯道德經》
|古籍書局
|定價：HK$58

|《帛書道德經》
|古籍書局
|定價：HK$58

|《老子清靜經》
|古籍書局
|定價：HK$48

|《太乙金華宗旨易解》
|古籍書局
|定價：HK$48